PARIS, IMPRIMERIE DE POUSSIELGUE,
rue du Croissant, 12.

TRAITÉ

DES

CONSEILS DE FAMILLE,

DES TUTEURS, SUBROGÉS-TUTEURS ET CURATEURS,

ET

DES CONSEILS JUDICIAIRES;

PAR M. J. L. JAY,

directeur des Annales et du Répertoire de la science des
Juges de paix, auteur du Manuel des Greffiers de Justices de paix, du Manuel de l'Arbitre, etc., etc.

PARIS,

CHEZ L'AUTEUR, RUE DU CROISSANT, 8;
chez JOUBERT, rue des Grès, 14;
et chez DELAMOTTE, place Dauphine, 27.

1843

AVANT-PROPOS.

A côté des fonctions importantes dont les juges de paix sont investis comme juges, la loi leur a imposé des devoirs non moins difficiles, en leur confiant la présidence et la direction de toutes les assemblées de famille. Les diverses attributions des juges de paix comme juges ont donné naissance à un grand nombre de traités, qui laissent aujourd'hui peu de choses à désirer. Mais mon expérience personnelle m'a convaincu que les juges de paix ne trouvent pas dans les ouvrages publiés sur les conseils de famille les mêmes ressources que dans les ouvrages publiés sur les autres parties de leurs fonctions ; les consultations que MM. les juges de paix et les greffiers de justices de paix me font l'honneur de m'adresser journellement sur ce sujet, et les nombreuses solutions dont cette matière a été l'objet dans les *Annales de la science des juges de paix,* démontrent suffisamment qu'il y a là une lacune à remplir. Les questions de conseils de famille, de tutelles et de curatelles sont d'ailleurs très importantes ; puisqu'elles intéressent l'état et la fortune des citoyens de toutes les conditions et de tous les âges.

D'un autre côté, si la science du droit fait tous les jours des progrès sensibles, c'est parceque ceux qui l'étudient s'attachent de préférence aux traités speciaux ; les principes y sont en effet mieux élaborés que dans un ouvrage général. Cette considération, jointe à la précédente, m'a porté à faire un traité spécial SUR LES CONSEILS DE FAMILLE.

Enfin, l'accueil bienveillant que MM. les juges de paix et greffiers des jutices de paix ont fait aux ouvrages que j'ai publiés jusqu'à ce jour, et les encouragemens qu'ils ont bien voulu m'adresser, m'ont soutenu dans la nouvelle tâche que je me suis imposée; j'ose donc espérer que mon *Traité des conseils de famille* sera accueilli avec la même bienveillance : c'est la récompense la plus flatteuse que j'ambitionne.

DIVISION DE L'OUVRAGE.

CHAPITRE PREMIER.

Définition — Organisation. — Composition et Convocation des Conseils de famille.

CHAPITRE II.

De la Comparution et des Délibérations du Conseil de famille. — Cas d'Exclusion ou de Destitution.

CHAPITRE III.

De l'Autorité et des Prérogatives du Juge de paix dans les Conseils de famille.

CHAPITRE IV.

De ceux qui ne peuvent être membres d'un Conseil de famille ou qui en sont dispensés.

CHAPITRE X.

CHAPITRE XI.

CHAPITRE XII.

CHAPITRE XIII.

CHAPITRE XIV.

CHAPITRE XV.

TRAITÉ

DES

CONSEILS DE FAMILLE.

CHAPITRE PREMIER.

*Définition, organisation, composition et convo-
cation des Conseils de famille.*

1. On appelle conseil de famille une
assemblée de parens ou d'amis réunis par
un juge de paix compétent, pour conférer
la tutelle dative, délibérer sur les intérêts
des mineurs, donner ou refuser les autorisations exigées par la loi, relativement
aux personnes et aux biens de ces mineurs, les émanciper, etc.

Il se réunit chez le juge de paix, à

moins que ce magistrat n'ait désigné un autre lieu.

2. Le conseil de famille est pour ainsi dire le tuteur des tuteurs. C'est ce que prouvent évidemment les nombreuses attributions qui lui sont conférées et dont nous donnerons une nomenclature raisonnée au chapitre cinquième ci-après.

3. Des difficultés s'élèvent souvent pour organiser ou composer ces conseils. Cependant les règles en sont littéralement tracées par la loi. L'art. 407 du code civil porte : « Le conseil de famille sera composé, non compris le juge de paix, de six parens ou alliés, pris tant dans la commune où la tutelle sera ouverte que dans la distance de deux myriamètres, moitié du côté paternel, moitié du côté maternel, et en suivant l'ordre de proximité dans chaque ligne. — Le parent sera préféré à l'allié du même degré, et parmi les parens de même degré, le plus âgé à celui qui le sera le moins. »

Il résulte de ces textes trois règles principales ; la première qu'un conseil de famille doit toujours être composé de sept membres, en y comprenant le magistrat qui le préside, sans que l'on puisse y appeler un nombre plus ou moins grand de parens; la seconde, que les plus proches doivent toujours être choisis, par exclusion de ceux qui sont plus éloignés; et la troisième, que le parent est préféré à l'allié et le plus âgé au plus jeune.

4. Ces règles sont-elles obligatoires à peine de nullité? Il est évident que les termes de la loi sont impératifs, et si l'on suit les anciens principes, il faut dire que les dispositions impératives sont aussi prohibitives, et qu'elles frappent de nullité tout ce qui est contraire à l'ordre qu'elles établissent. (L. 6, C. *de Pactis.*) Cependant plusieurs cours ont décidé, par application de l'art. 1030 du code de procédure, que la peine de nullité ne doit être appliquée que lorsqu'elle est textuellement prononcée par la loi, ce qui n'existe pas dans l'art. 407 et les suivans. Turin, 10 février 1811.

Il est vrai que le code ne prononce pas

la peine de nullité absolue pour contra-
ventions à ses dispositions sur la composition du conseil de famille. D'où il résulterait que ce serait aux tribunaux à voir si
les circonstances impriment à ces contra-
ventions un caractère assez grave pour
prononcer la nullité des actes où elles ont
été commises. Toullier, t. 2, n° 1119.

Ainsi la cour de cassation a jugé, le
30 avril 1834, que le conseil de famille
auquel a assisté un cousin germain de l'interdit, lorsqu'il existait un oncle maternel
dans l'étendue du rayon fixé par la loi
peut être considéré comme régulièrement
composé, si sa convocation a été exempte
de tout dol et surtout si les intérêts de
l'interdit n'ont pas souffert. « Attendu,
porte cet arrêt, qu'en établissant la règle
que le conseil de famille sera composé des
parens les plus proches et les plus âgés,
cet article ne dispose pas à peine de nullité; d'où il suit que la loi a laissé à la sagesse et à la prudence des tribunaux le
soin d'apprécier les circonstances particulières qui peuvent excuser, à cet égard, des

irrégularités exemptes de tout soupçon de dol où de connivence, et qui n'ont pas lésé les intérêts des mineurs ou interdits. ANNALES, vol. de 1834, n⁰ˢ 757 et pag. 141.

Cet arrêt décide en conséquence que la nomination du tuteur à l'interdit à laquelle aurait participé, à l'exclusion d'un parent plus *proche* et plus âgé, un autre *moins proche* et *moins âgé,* peut cependant être déclaré valable alors qu'il n'y a eu ni dol ni connivence, et alors aussi que les juges reconnaissent que la présence du parent non appelé aurait été moins favorable à l'interdit, soit à raison de son grand âge, soit à raison de son peu de relations avec la famille, et qu'il est reconnu enfin que l'interdit n'en a aucunement souffert.

5. Mais ces décisions sont loin de former une règle uniforme. D'autres cours, en plus grand nombre, repoussent l'application de l'art. 1030, parcequ'il ne s'agit pas ici de nullité de procédure, mais bien de nullités substantielles résultant de violation de l'ordre établi par la loi, et même d'un excès de pouvoir. Besançon, 26 août

1808; Lyon, 15 février 1812; Colmar, 27 avril 1813; Angers, 29 mars 1821; Rouen, 7 avril 1827.

Cette violation, cet excès de pouvoir existent en effet, lorsque l'on appelle à exercer des droits civils des personnes qui n'en ont la capacité qu'à défaut de celles qui sont notamment et privativement désignées par le législateur.

Il y a encore violation lorsque l'on se permet d'ajouter au nombre légal des délibérans ou de le diminuer, car il n'est pas permis de modifier la loi. La délibération prise par un nombre supérieur ou inférieur de parens à celui fixé, est absolument nulle. Cass., 26 mars, et 18 juillet 1810; 4 janvier 1811 et 7 avril 1817.

6. Ces principes reçoivent cependant quatre exceptions. La première résulte des art. 442 et 445, code civ., qui excluent des conseils de famille les mineurs autres que les père et mère, les interdits, les femmes mariées autres que les mères. Or, ces personnes, fussent-elles les plus proches parens, ne doivent pas être provoquées; le juge de

paix appelle donc à leur place des parens plus éloignés. Il en est de même de tout parent qui a été exclu ou destitué d'une tutelle, et de ceux qui ont été condamnés à des peines afflictives ou infamantes.

7. La seconde exception est établie par l'art. 408 ainsi conçu : « Les frères germains du mineur et les maris des sœurs germaines sont seuls exceptés de la limitation du nombre porté en l'article précédent. S'ils sont six et au-delà, ils seront tous membres du conseil de famille qu'ils composeront seuls avec les veuves d'ascendans et les ascendans valablement excusés, s'il y en a. S'ils sont en nombre inférieur, les autres parens ne seront appelés que pour compléter le conseil. »

Selon plusieurs jurisconsultes, il ne faut pas lire dans ce texte *veuves d'ascendans*, mais bien *ascendantes veuves*, parceque la première locution désigne les secondes femmes des ascendans, qu'il n'est pas vraisemblable que le législateur ait voulu admettre dans le conseil d'une famille à laquelle elles sont devenues étrangères par leur veuvage.

8. Quoi qu'il en soit, il existe dans l'article 408 une exception au principe qui défend de choisir le tuteur et le subrogé-tuteur dans la même ligne. En effet, lorsque le conseil de famille est uniquement composé de frères germains, tous appartiennent également aux deux lignes, et l'un d'eux étant nommé subrogé-tuteur, ne peut être pris dans une ligne différente de celle du tuteur. Ainsi, par la nature des choses, sa nomination est valable. Cass., 17 juillet 1810, et 10 août 1813.

9. Les veuves d'ascendans et les ascendans doivent toujours et nécessairement être appelés au conseil de famille, encore qu'il existe des frères ou des beaux-frères; autrement la délibération prise en leur absence est nulle, et cette nullité est d'ordre public, c'est à dire qu'elle ne peut être couverte par l'acquiescement des parties. Colmar, 27 avril 1813, et Angers, 29 mars 1821.

10. La troisième exception à la règle

du nombre et de la proximité, posée par l'article 407, résulte de la disposition suivante : « Lorsque les frères, les ascendans ou tous autres parens se trouvent en nombre insuffisant sur les lieux ou dans la distance de deux myriamètres, le juge de paix appellera, soit des parens ou alliés domiciliés à de plus grandes distances, soit, dans la commune même, des citoyens connus pour avoir des relations habituelles d'amitié avec le père ou la mère des mineurs. C. civ., art. 409.

Ainsi le juge de paix ne peut arbitrairement remplacer par des amis les parens ou alliés qui se trouvent dans les conditions de l'art. 407. Paris, 24 février 1842; Annales, vol. de 1842, pag. 116.

11. Les amis sont désignés par le juge de paix seul, et cette désignation suffit pour obliger ceux qui sont indiqués à comparaître au conseil de famille, à moins qu'ils ne justifient d'un empêchement ou d'une dispense légale. Nous reviendrons sur ce sujet au chapitre 4 ci-après.

Il est même des conseils de famille qui

ne sont et ne doivent être composés que d'amis, ce sont ceux des enfans naturels non reconnus qui n'ont point de parens. L. 15 pluv. an 13.

11. Quant à la quatrième exception à l'art. 407, la voici : « Le juge de paix pourra, lors même qu'il y aurait sur les lieux un nombre suffisant de parens ou alliés, permettre de citer, à quelque distance qu'ils soient domiciliés, des parens ou alliés plus proches en degrés ou de mêmes degrés que les parens ou alliés présens ; de manière toutefois que cela s'opère en retranchant quelques-uns de ces derniers, et sans excéder le nombre réglé par les précédens articles. » C. civ., art. 410.

On peut dire que cette disposition donne un pouvoir discrétionnaire au juge de paix, mais il faut s'empresser d'ajouter que ce magistrat ne doit en user que dans des circonstances graves, et surtout pour l'intérêt du mineur, intérêt qui est la règle dominante en toute tutelle. L'ordre et la proximité établis par l'art. 407 forment aussi une règle fondamentale dont on ne doit s'écarter que dans les cas de nécessité ou autres légalement admis; mais n'anticipons pas sur les pouvoirs du juge de paix, nous devrons y revenir dans le chapitre 5 consacré aux développemens de l'autorité de ce magistrat.

12. Jugé que l'inobservation des règles prescrites par l'art. 407 et suiv. du C. civ., sur la composition du conseil de famille, n'entraîne pas, de plein droit, la nullité des délibérations prises par le conseil irrégulièrement composé, et que c'est aux tribunaux d'apprécier, d'après les circonstances et l'intérêt du mineur ou de l'interdit, si les irrégularités commises doivent faire prononcer la nullité des délibérations. Paris, 13 oct. 1836; Annales, vol. de 1837, n° 403; Cass., 3 avril 1838; Annales, vol. de 1838, page 164.

13. L'art. 2144 C. civ., est ainsi conçu : «Pourra pareillement le mari, du consentement de sa femme et après avoir pris l'avis des quatre plus proches parens d'icelle, réunis en assemblée de famille, de-

mander que l'hypothèque générale prise sur tous ses immeubles, pour raison de la dot, des reprises et des conventions matrimoniales, soit restreinte aux immeubles suffisans pour la conservation entière des droits de la femme. »

On remarque ici que l'assemblée doit être composée de quatre parens seulement, et qu'il n'y est pas dit que le juge de paix la préside et y délibère ; d'où l'on a conclu que ce magistrat doit se borner à constater l'avis des parens. (Bousquet et Carré.) Mais c'est une erreur qui a été réfutée en ces termes : « De deux choses l'une, ou la loi donne des pouvoirs au juge de paix, ou elle ne lui en confère pas ; si elle lui en accorde, ils ne peuvent être différens de ceux qui lui sont attribués dans toutes les assemblées de famille ; si elle ne lui en donne pas, il est ridicule de les limiter ou de les étendre. Toutes les théories possibles seront impuissantes pour lui conférer la plus mince attribution ou fonction. Il y a, dit-on, nécessité de constater l'avis des parens : soit ; mais si ce n'est que par nécessité que l'on invoque le ministère du juge de paix, pourquoi tout autre officier public ne serait-il pas appelé à constater l'avis des parens ? La nécessité rendrait capable le premier officier requis. Mais dès que la loi établit qu'il y a une assemblée de famille, elle reconnaît par là même que cette assemblée se réunit, se préside et délibère comme toutes les autres. Le contraire ne peut nullement se présumer, à moins d'une exception qui n'existe pas. » Biret, *Rec. gén.*, t. 2., p. 59.

14. Venons à la convocation du conseil de famille :

« Ce conseil, dit l'art. 406 du code civ., sera convoqué, soit sur la réquisition ou à la diligence des parens du mineur, de ses créanciers, ou d'autres parties intéressées ; soit même d'office et à la poursuite du juge de paix du domicile du mineur. — Toute personne pourra dénoncer à ce juge de paix le fait qui donnera lieu à la nomination d'un tuteur. »

Ainsi, un membre du conseil de famille, après avoir sommé en vain le subrogé-

tuteur de faire son devoir, et avoir obtenu
une ordonnance du juge de paix prescri-
vant la convocation du conseil de famille
pour prononcer sur la destitution du tuteur, a qualité pour provoquer lui-même
ce conseil en son nom. Aix, 24 août 1809;
D. P. 2-1415.

15. Le ministère public peut-il agir
d'office et convoquer le conseil de famille
comme le juge de paix ? Cela est au moins
douteux d'après l'art. 2 du .tit. 8 de la loi
du 24 août 1790 et un arrêt de la cour de
cassation du 27 frimaire, an 3, qui ne reconnaissent au ministère public que le
droit de réquisition. Il a même été jugé
qu'une Cour royale n'a pas l'autorité, sur
la réquisition du ministère public, d'ordonner la convocation d'un conseil de famille pour délibérer sur l'administration
du tuteur. Cass., 11 août 1818; Orléans,
23 février 1837; ANNALES, vol. de 1837,
n° 26.

Ces décisions nous paraissent à l'abri de
toute critique. Aux termes des art. 2,
tit. 8 de la loi du 24 août 1790, et 46 de la

loi du 20 avril 1810, le ministère public ne peut agir, en matière civile, par voie d'action directe et principale, que dans les cas spécifiés par la loi. Or, aucun texte relatif aux minorités et aux tutelles ne donne au ministère public le droit de requérir d'office la nullité d'une délibération du conseil de famille portant nomination d'un tuteur. Magnin, n° 323.

16. La convocation d'un conseil de famille par le juge de paix se fait de deux manières, ou par un simple avertissement, ou par une cédule. Elle peut même avoir lieu sur la comparution volontaire des parties requérantes et des parens appelés à délibérer, pourvu que l'ordre et la proximité soient observés.

L'avertissement n'oblige point, et ceux qui sont invités de cette manière au conseil de famille, n'encourent point d'amende par leur refus de comparaître. En ce cas, la cédule devient indispensable.

17. Cette cédule exprime si la convocation est faite d'office par le juge de paix, ou si elle est requise par un parent ou un

créancier, un cohéritier, un tuteur ou subrogé-tuteur, ou par toute autre partie
intéressée. Dans cette dernière circonstance la cédule énonce les noms, prénoms, qualités et demeures des requérans,
les causes et moyens de la convocation, les
jour, lieu et heure de la comparution, les
noms et demeures des parens ou amis qui
doivent composer le conseil de famille,
auxquels le juge de paix enjoint de comparaître sous peine d'encourir l'amende
qui est prononcée par l'art. 413 du code.
Par la même cédule, le juge règle le délai
de la comparution à jour fixe, suivant la
disposition de l'art. 411, c'est à dire « de
manière qu'il y ait toujours, entre la citation
notifiée et le jour indiqué pour la comparution , un intervalle de trois jours au
moins quand toutes les parties citées rési-
deront dans la commune ou dans la distance de deux myriamètres. Toutes les fois
que parmi les parties citées il s'en trouvera de domiciliées au-delà de cette distance, le délai sera augmenté d'un jour par
trois myriamètres. Ces différens délais sont

francs et leur inobservation peut faire annuler la délibération du conseil de famille. C. proc. 1033 ; Cass., 15 mars 1806 et 15 fév. 1812.

Il résulte de cette disposition de l'article 411 que le jour de la citation ne compte pas, et que celui de l'échéance, appelé par les jurisconsultes *ad quem*, ne compte pas non plus. Ainsi, lorsque la citation est donnée le 8 aux personnes domiciliées dans la commune du siége de l'assemblée, les membres du conseil ne peuvent se réunir que le 12; et pour la personne citée au-delà de deux myriamètres de la commune où l'assemblée doit être convoquée, ce délai, comme nous venons de le dire, augmente d'un jour par trois myriamètres. Par suite, dans notre hypothèse, si la citation a été notifiée le 8, la réunion ne devra avoir lieu que le 20. Magnin, n° 341.

Enfin la cédule est notifiée par le premier huissier requis ou commis par le juge à tous les parens ou amis choisis pour former le conseil.

Il n'est pas besoin de dire que le juge qui délivre la cédule est celui qui doit présider le conseil de famille, c'est à dire celui du domicile du mineur. (C. civ., 406.) Mais quel est ce domicile ? Des controverses se sont élevées sur cette question ; on a prétendu que ce domicile pouvait varier suivant celui du tuteur. Mais on a répondu « que le mineur a deux domiciles, l'un pour la gestion de la tutelle, qui est inséparable de celui du gérant, l'autre pour le conseil de famille qui est celui de l'ouverture de la tutelle. Le mineur étant alors dans la maison de son père ou de sa mère non décédés. » Cette doctrine a été approuvée par des jurisconsultes distingués. » (Toullier, *Droit civil*, t. 2, n° 1114 ; Duranton, t. 3, n° 453 ; Carré, tome 3, p. 251 ; Berriat, p. 678 ; Delvincourt, t. I, p. 431, et Favard de Langlade, v° *Tutelle*, § 4.), et confirmée par plusieurs arrêts de la cour de cass., notamment par celui du 23 mars 1819, dont voici les termes : « Attendu que l'on doit entendre par le domicile naturel du mineur celui qu'il a acquis au moment de l'ouverture de la tutelle, et non pas le domicile de son tuteur, tellement que l'art. 407 désigne, pour la composition du conseil de famille, des parens, alliés ou amis pris dans la commune où la tutelle est ouverte ; autrement on pourrait soustraire les tuteurs à la surveillance des légitimes conseils de famille. »

18. Jugé encore que l'on doit réputer nulle la nomination d'un subrogé-tuteur faite par un conseil de famille, convoqué devant le juge de paix d'un domicile autre que celui qu'avait le père du mineur au moment de son décès, et adopté par le tuteur depuis l'ouverture de la tutelle. Cass., 11 mai 1842. ANNALES, vol. de 1842, p. 172.

Voici les termes de cet arrêt important qui résout nettement la question et qui ne peut laisser aucun doute à l'esprit : « Vu les art. 406, 407, 409, sect. 4, tit. 10 du code civ., et les art. 420 et 421 de la sect. 5 du même titre, ainsi que l'art. 527 du code de proc. civ. portant : *Les tuteurs seront poursuivis devant les juges du lieu où la tutelle a été déférée.* — Attendu qu'aux termes de l'art. 406 du code civil, le juge de paix compétent pour présider le conseil de famille convoqué à l'effet de constituer une tutelle est celui du domicile du mineur; — Attendu que le domicile naturel et primitif du mineur nécessairement antérieur à celui dont parle l'art. 408 du même code, n'est autre que le lieu où la tutelle s'est ouverte, c'est à dire celui du domicile du père dont le décès a donné ouverture à la tutelle, et chez lequel le mineur avait légalement son domicile à l'époque de ce décès; — Attendu que d'après l'art. 421, qui dispose précisément pour le cas où, comme dans l'espèce, la tutelle légale existe et où la nomination du subrogé-tuteur seule est nécessaire, la loi veut que la nomination d'un subrogé-tuteur soit faite par un conseil de famille composé comme il est dit en la section 4, où se trouvent les art. 406 et 407; — Que c'est d'après ce mode qu'a eu lieu la nomination première du subrogé-tuteur par un conseil de famille réuni devant le juge de paix de

Champagny, où le père était domicilié et où il est décédé, et où par conséquent la tutelle s'est ouverte : que là était donc aussi le domicile naturel du mineur, qui fixe la compétence du juge de paix, d'après l'art. 406, ainsi que celle des membres qui composent le conseil de famille pour toute la durée de la tutelle ; — Attendu que cette attribution des art. 406, 407 et 421 du code civil, dont l'esprit se reproduit dans l'article 527 du code de proc. relatif au tuteur, étant générale et absolue, comprend les nominations successives qu'il peut y avoir lieu de faire, comme la première ;—Attendu que si la compétence du juge de paix, ainsi que la composition du conseil de famille pouvaient varier suivant les divers domiciles que pourraient prendre successivement les tuteurs, il pourrait s'ensuivre l'inconvénient grave de soustraire les tuteurs à la surveillance naturelle du véritable conseil de famille, et de livrer le mineur à l'arbitraire de conseils étrangers à sa personne et indifférens à ses intérêts, tandis qu'en général cet inconvénient cesse par l'attribution de toutes ces nominations à un conseil de famille composé de la manière prescrite par les art. 406, 407, 409, auxquels renvoie l'art. 421 pour la nomination spéciale du subrogé-tuteur lorsqu'il y a un tuteur légal; que c'est devant le juge de paix du domicile naturel du mineur que ce conseil doit être convoqué, conformément à l'art. 406 du code civil, etc. »

19. Cependant s'il s'agissait d'un tuteur légal, par exemple de la mère survivante au père du mineur, le domicile de ce dernier ne serait-il pas celui de la mère, lors même qu'elle aurait cessé de résider dans le lieu où son époux était décédé? Dans notre opinion cette circonstance ne peut rien changer à la règle que le lieu de l'ouverture de la tutelle établit le domicile du mineur, domicile qui lui est acquis par le seul fait du décès de son père. Cass., 13 mai 1811.

Les choses seraient les mêmes, encore que la mère survivante viendrait à décéder avant la majorité de son mineur, par la raison que déjà ce mineur était en tutelle avant le décès de sa mère, et que ce décès ne donne lieu qu'à la continuation de la tutelle et du domicile acquis au mineur.

Toullier et Duranton tout en admettant en principe que la tutelle, être moral, a un domicile qui ne varie pas, distinguaient le cas où ce serait le père ou la mère qui auraient changé de domicile depuis l'ouverture de la tutelle en sa personne ; et dans ce cas, ils pensent que les convocations du conseil de famille, pendant la tutelle, devraient avoir lieu devant le juge de paix de son domicile actuel, qui est celui du mineur. L'amour paternel, disent ces auteurs, est une garantie puissante contre les inconvéniens sur lesquels le système contraire est fondé. Cette distinction a été consacrée par un arrêt de la chambre des requêtes, en date du 10 août 1825, qui a jugé que le domicile du mineur était celui du dernier décédé de ses père et mère. Mais cette décision est intervenue dans une affaire où l'incompétence du conseil de famille, dont on voulait faire annuler la délibération, était proposée par l'adversaire du mineur; et il faut remarquer que cette annulation aurait causé à ce dernier un grave préjudice, et que cette considération a pu exercer une certaine influence sur l'arrêt de rejet rendu par la cour.

La loi n'établit en effet aucune différence entre le cas où la tutelle est légale et celui où elle doit être déférée par le conseil de famille. L'art. 407 du code civil dispose d'une manière générale que le conseil de famille doit être convoqué dans le lieu de l'ouverture de la tutelle. Or la tutelle s'ouvre par le décès du premier mourant des père et mère; c'est donc le domicile qu'avait à cette époque le père du mineur, et qui par suite était le domicile du mineur placé sous sa puissance paternelle, qui doit rester celui de la tutelle.

Le tuteur, fût-il le père ou la mère du mineur, ne peut à son gré, par son seul caprice ou dans un but d'intérêt illicite, se soustraire à la juridiction du juge de paix dans le ressort duquel la tutelle s'est ouverte, et conférer ainsi la compétence à celui de son nouveau domicile. Nous le répétons, par une semblable manœuvre, il serait facile d'écarter les parens du conseil de famille, de ne le composer que d'inconnus ou de personnes entièrement ignorantes des affaires du mineur, et de couvrir de cette façon soit des spéculations illégitimes, soit de honteuses dilapidations.

20. Jugé néanmoins que l'art. 406 du code civil n'est pas tellement absolu, que la délibération prise devant un juge de paix autre que celui du domicile du mineur, doive être annulée, alors que la délégation de ce juge de paix a été faite par jugement passé en force de chose jugée. Metz, 20 avril 1820 ; D. P. 22-2-59.

21. Lorsqu'une succession vacante est dévolue, en tout ou en partie, à un militaire absent, ou en service à son corps, si un mois après qu'il lui a été donné avis de l'ouverture de la succession par le juge de paix, ou le ministre de la guerre, il ne donne de ses nouvelles et n'envoie sa procuration à un mandataire, pour le représenter dans les opérations relatives à la

succession, le juge de paix du lieu convoque le conseil de famille de ce militaire
pour lui nommer un curateur afin d'exercer ses droits dans les inventairès, levée
de scellés, partage, etc.

La mission du curateur cesse quand la
succession est divisée et qu'il ne reste plus
aucun acte à faire à cet égard. (Voir ci-
après chap. XI.)

22. Le conseil de famille doit être convoqué dans le cas prévu par l'art. 433 du
code civil, c'est à dire quand le tuteur d'un
mineur a été nommé avant l'âge de soixante-
cinq ans et que son administration ayant
duré jusqu'à sa soixante-dixième année, il
demande qu'il soit délibéré sur sa charge
de la tutelle. — La délibération du conseil de famille est même indispensable en pareil cas, dans l'intérêt du mineur, car il lui importe que la tutelle ne
soit pas administrée par un homme trop
affaibli par l'âge. Faisons remarquer encore qu'il n'est pas nécessaire que la
soixante-dixième année soit accomplie; la
loi ne l'exige pas; il suffit qu'elle soit commencée. Locré, p. 167; Delvincourt, p. 118.

CHAPITRE II.

De la comparution et des délibérations du conseil de famille.— Cas d'exclusion ou de destitution.

23. Au jour indiqué par la cédule, dûment notifiée, les membres légalement convoqués sont tenus de comparaître en personne ou par un mandataire spécial. Celui-ci ne peut représenter qu'un seul parent ou ami. C. civ., 412.

Cette disposition est sage, car elle a pour objet de prévenir les abus que l'on pourrait faire de cette faculté. D'ailleurs il est dans l'esprit de la loi que les membres du conseil de famille puissent se consulter, but qui serait manqué s'il était permis que plusieurs membres fussent légalement représentés par un seul mandataire. En donnant à plusieurs parens la faculté de se faire représenter par un seul mandataire, dit Locré, c'eût été donner à celui-ci une prépondérance qui n'appartient qu'au juge de paix, c'eût été même lui confier le sort de la délibération.

24. Jugé d'après ces principes qu'un membre du conseil ne peut prendre part à une délibération comme membre et comme représentant d'un autre membre ; que cependant ne serait pas nulle la délibération dans laquelle l'un des membres a représenté, outre sa propre personne, celle d'un autre individu convoqué à la même assemblée, pourvu que les trois quarts des parens convoqués aient été présens pour former le conseil. Turin, 20 février 1807 ; Dalloz, *Dict. génér.*, v° *Tutelle*, n° 184.

25. Toute personne majeure et jouissant des droits civils peut être mandataire d'une autre, c'est une règle générale, mais elle reçoit une exception en matière de tutelle, parceque l'art. 442 du code civil exclut positivement les femmes, autres que la mère et les ascendantes, des conseils de famille.

Cette exclusion ne leur permet pas d'y re-présenter un des membres.

26. Quant à la forme du mandat, et à son contenu, la loi ne prescrit aucune rè-gle; il peut donc être fait aussi bien sous signature privée que par acte notarié; mais dans le premier cas il doit être timbré, enregistré, certifié véritable par le manda-taire et annexé à la minute de la délibé-ration. Il n'est pas nécessaire qu'il énonce le vœu du mandant ou la manière dont le mandataire devra voter; il suffit qu'il ex-prime que ce dernier est autorisé à repré-senter purement et simplement le mandant et à faire dans le conseil de famille tout ce qu'il aurait pu faire lui-même s'il y eût comparu. Un tel pouvoir est suffisant pour faire représenter un parent ou ami dans tout conseil de famille, même dans les ma-tières les plus importantes.

27. Le conseil de famille se tient à l'hô-tel du juge, ou dans son prétoire, ou dans tel autre lieu qu'il peut avoir indiqué par la cédule de convocation. Le juge préside le conseil, y délibère, a voix prépondérante.

Nous reviendrons sur cette prérogative au chapitre 3 ci-après. Mais il ne peut être pris aucune délibération si les trois quarts des membres convoqués ne comparaissent pas. C. civ., art. 415.

28. Le juge de paix doit-il être compté dans ces trois quarts? Nous n'hésitons pas à répondre négativement, encore qu'il se soit élevé une controverse sur ce point. Le vœu du législateur fut que le juge ne serait point compté, parceque c'est lui qui convoque, et qu'il y aura toujours trois membres de l'une des deux lignes qui prendront part à la délibération.

Les trois quarts de six membres, observa une autre législateur, seraient difficiles à trouver ; il doit donc y avoir cinq membres présens pour qu'il puisse y a voir un délibération régulière.

Et pour prévenir toute méprise sur ces cinq membres, on ajouta, sur la demande du tribunat, à l'art. 415 ces mots : *membres convoqués,* ce qui ne comprend pas le juge de paix.

Il est même une circonstance où le nombre de cinq membres ne suffit pas, c'est lorsque le conseil de famille est formé de six frères germains et plus, des ascendans et des veuves d'ascendans; alors il faut la présence des trois quarts des membres appelés au conseil. Si leur nombre est de huit, les trois quarts sont de six; mais s'il est de neuf, il faut sept membres présens, et ainsi de suite.

29. « Toute personne convoquée qui, sans excuse légitime, ne comparaît pas, encourt une amende de 50 fr., que le juge de paix prononce sans appel. » (C. civ. 413.) — Voir ci-après chap. 3, n° 60.

Mais quelles sont les excuses admissibles en pareille circonstance? Nous pensons que les maladies, l'absence, les accidens, les cas fortuits, et tout empêchement réel reconnus par le juge de paix, sont des excuses valables. Cependant elles doivent être présentées pendant que le conseil de famille est assemblé; c'est ce qui résulte clairement de l'article 414, qui dit : « S'il y a excuse *suffisante*, et qu'il convienne soit d'attendre le membre absent, soit de le remplacer ; en ce cas, comme en tout autre où l'intérêt du mineur semblera l'exiger, le juge de paix pourra ajourner l'assemblée ou la proroger. »

Ainsi, s'il n'y a point d'excuses proposées pendant la tenue du conseil, l'amende est encourue. Néanmoins le juge peut la modérer. — Voir ci-après chapitre 6, n° 61 et suiv.

Le projet de l'article 414 portait que le membre non comparant serait de suite remplacé ; mais cette disposition fut supprimée dans la discussion, parcequ'il paraît plus convenable de laisser à la disposition du juge ce qui devait être fait dans l'intérêt du mineur.

L'article 414, en donnant au juge de paix une certaine latitude pour prononcer l'amende, conformément à l'article 413, l'avertit qu'il ne doit point précipiter sa décision, dit Magnin (t. 1, p. 280). On doit protéger l'intérêt du mineur ; mais pour son intérêt on ne doit pas froisser par la précipitation celui de ceux qui sont appelés à délibérer sur l'administration de sa personne et de ses biens. La loi donne au juge de paix le pouvoir discrétionnaire de juger quand il y a excuse suffisante ou défaut de présence condamnable. En jugeant souverainement, la justice ne doit se laisser aucun regret.

30. Nous venons de voir que le juge de paix a la faculté, aux termes de l'art. 414, d'ajourner l'assemblée ou de la proroger. Il suit de là que tant que le conseil de famille n'est pas définitivement constitué, tant que le juge de paix ne l'a pas déclaré tel par son procès-verbal, et que l'assemblée n'est pas entrée en délibération sous sa présidence, tous les actes par lui faits pour parvenir à cette organisation et à cette constitution ne doivent pas être considérés comme des sentences, mais seulement comme des actes préparatoires et de pure instruction, qu'il peut révoquer ou notifier selon qu'il les croit contraires aux dispositions de la loi ou à l'intérêt du mineur, sans qu'on puisse lui reprocher de s'être réformé lui-même. Ce principe, puisé dans le véritable esprit de la loi, a reçu la sanc-

tion d'un arrêt de la cour royale de Paris, du 7 floréal an 13; Sirey, 5-2-603.

Ainsi, lorsqu'un juge de paix a, sur requête, désigné des amis pour composer un conseil de famille, il peut, sur la réclamation des autres parens, rectifier sa première désignation et appeler d'autres amis plus intimes. Aix, 3 août 1838; ANNALES de 1839, page 51.

31. Quand les membres du conseil sont réunis en nombre suffisant, sous la présidence du juge de paix, ce magistrat, ou la partie requérante, expose les motifs de la convocation. Chaque membre qui veut discuter, rejeter ou approuver la proposition, peut le faire; et les autres membres peuvent lui répondre. Après la discussion finie, ou s'il n'y en a point, on passe à la délibération, et les voix sont recueillies par le président, qui en proclame le résultat devant le conseil.

Mais quel est le nombre de voix nécessaire pour former la délibération? La loi ne s'explique pas positivement sur ce sujet, mais il résulte de l'art. 416, qui accorde au juge de paix, en cas de partage, la voix prépondérante, que c'est à la majorité simple des voix que les délibérations se forment. En effet, cette voix prépondérante n'est nécessaire que pour établir la majorité relative.

32. Le projet de rédaction de l'art. 416 du c. civ. portait dans le principe qu'en cas de partage les membres du conseil devaient s'accorder sur le choix du départageant, et à défaut par eux de s'entendre sur ce choix, il enjoignait au juge de paix de faire cette nomination. Sur l'observation de M. Tronchet, que ce mode de *départager* pourrait entraîner des embarras et des longueurs, le juge de paix fut chargé lui-même de *départager*. Partant de là et attachant peut-être au mot *départager* une importance plus grande qu'il ne faudrait, M. Duranton (t. 3, p. 458) y a vu la nécessité pour le conseil de se diviser, en cas de partage, en deux parties égales, et par analogie de ce qui se pratique en pareil cas parmi les juges d'un tribunal, il a voulu que s'il se formait dans le conseil plus de

deux opinions sur le choix du tuteur les membres plus faibles en nombre fussent tenus de se réunir à l'une des deux opinions qui auraient été émises par le plus grand nombre. De cette manière le juge de paix n'aurait, en se décidant pour l'une des deux opinions, qu'à faire pencher la balance pour compléter la majorité absolue, indispensable, selon l'auteur, pour la régularité de la délibération. Nous devons ajouter que cette opinion a été suivie par quelques arrêts. Bruxelles, 15 mars 1806; Metz, 16 février 1812.

Mais nous ne croyons pas devoir nous arrêter à l'argumentation qui a séduit ces autorités, et nous pensons au contraire avec M. Toullier (t. 2, p. 331) que la majorité absolue des suffrages n'est pas nécessaire pour former la délibération des conseils de famille; que la majorité relative suffit, parceque ce n'est qu'à cette majorité que peut se rapporter la prépondérance du juge de paix. — Si donc trois des six membres convoqués donnaient leurs voix à un candidat, deux autres à un second candidat, et le sixième à un troisième, le second serait nommé si le juge de paix lui donnait son suffrage.

33. Nous ajoutons enfin 1° qu'il est des cas où l'opinion de M. Duranton sur la majorité absolue ne pourrait trouver son application ; 2° qu'entendre, comme le fait cet auteur, la faculté accordée au juge de paix, c'est créer pour les membres du conseil une obligation qui n'est pas dans la loi.

Nous disons d'abord qu'elle ne pourrait s'appliquer à tous les cas. En effet, dans l'exemple cité par M. Duranton, le conseil se compose de six membres, plus le juge de paix ; dès lors il y a possibilité de partage égal entre ces six membres. Mais s'il arrive que le conseil ne soit composé que de cinq membres, *minimum* des membres exigés pour qu'une délibération puisse être prise (c. civ. 415), comment concevoir un partage égal autrement qu'en leur adjoignant le juge de paix, en lui accordant double vote, c'est à dire une voix comme membre du conseil, qui servira à complé-

ter les trois voix qui doivent établir la balance, plus une autre voix pour la faire
pencher? Or ce double vote est précisément ce que le jurisconsulte avec lequel
nous nous trouvons en opposition refuse
au juge de paix. Qu'il nous dise comment
ici la prépondérance pourra s'exercer autrement.

Nous répétons ensuite que ce serait
arbitrairement imposer aux membres du
conseil les plus faibles en nombre l'obligation d'opter pour l'une des deux opinions principales, tandis que la loi a voulu
leur laisser une complète liberté, et que
par l'art. 883 du code de proc. civ. elle a
réservé formellement à chacun d'eux le
droit de se pourvoir pour faire réformer
une délibération prise contrairement à leur
opinion.

Ainsi nous sommes d'avis avec M. Toullier, déjà cité, et avec MM. Locré, *Esprit
du code civil,* p. 89, Dalloz, v° *Tuteur,* et
Carré, *Des Justices de Paix,* t. 3, p. 89,
qu'il n'est pas possible d'étendre aux conseils de famille les dispositions de loi ap-

plicables aux délibérations des membres des tribunaux, sans abandonner le rôle d'interprète de la loi pour s'ériger en législateur, et qu'en cette matière l'opinion de la majorité relative doit prévaloir lorsqu'elle est appuyée par le juge de paix.

34. Mais si la délibération était empêchée par un membre convoqué qui, après avoir comparu, refuserait de voter, que devrait-il être fait? Le refusant serait-il passible de l'amende énoncée en l'article 413? A cette dernière question la cour régulatrice a répondu négativement : « Attendu que les peines ne se suppléent pas et ne peuvent s'appliquer d'un cas à un autre; qu'ainsi on ne doit point assimiler le refus de délibérer dans un conseil de famille au refus d'y comparaître sans excuse légitime. » Cass. 10 décembre 1828.

Néanmoins, si par le refus de voter le conseil de famille ne se trouvait pas en nombre pour délibérer, il serait indispensable de faire remplacer le refusant ou d'ajourner le conseil, suivant les circonstances. Mais alors il resterait la question de savoir si le refusant ne serait pas passible des frais qu'il aurait occasionnés, et même de dommages-intérêts envers le mineur; question qui, selon nous, se déciderait suivant que le refusant aurait ou n'aurait pas eu de motifs graves pour s'abstenir de voter.

35. Jugé qu'une délibération du conseil de famille n'est pas nulle par le motif que le juge de paix aurait déclaré n'avoir aucune opinion et n'aurait cependant pas renvoyé à un autre jour pour prendre des renseignemens, si par le fait l'opinion qu'il eût émise n'eût pu changer en rien le résultat de la délibération; par exemple si cinq des membres du conseil de famille ont été d'avis de l'interdiction. Caen, 17 janvier 1816.

36. Les membres d'un conseil de famille appelés à donner leur avis sur l'état mental d'une personne contre laquelle est formée une demande en interdiction ou en dation de conseil judiciaire, ne sont tenus de rendre compte que du résultat de leurs connaissances personnelles. Ainsi on ne

peut entacher de nullité la délibération du conseil de famille lorsque le juge de paix qui le présidait s'est abstenu d'émettre une opinion, en déclarant ne pas connaître l'état physique et moral de la personne qu'on voulait interdire. C. civ., 416; cass., 20 juillet 1842; ANNALES, vol. de 1843, p. 58.

37. Toutes les fois que les délibérations du conseil de famille ne seront pas unanimes, l'avis de *chacun* des membres qui le composent sera mentionné dans le procès-verbal : ainsi le veut le § 1er de l'art. 883 du code de proc. Néanmoins, dans l'usage on se borne à exprimer combien il y a eu de voix opposées pour ou contre la délibération, sans répéter les termes de chaque vote individuel. Cependant on énonce les noms des votans qui doivent être connus de celui qui veut se pourvoir contre la délibération. Au reste, ces énonciations sont laissées à la prudence du juge de paix, ainsi que la cour suprême l'a décidé le 17 novembre 1813.

38. L'art. 415 du code civil veut la pré-

sence des trois quarts au moins des parens convoqués, et l'art. 416 ajoute que « le juge de paix aura voix délibérative, et prépondérante en cas de partage. » D'où il suit que pour procéder d'une manière régulière, conforme à la loi, le juge et le greffier doivent, lorsqu'il n'y a pas unanimité, faire connaître en particulier les noms de tous ceux qui ont été proposés pour tuteur ou pour subrogé-tuteur, afin de savoir si la majorité s'est reportée en effet sur celui qui est annoncé comme ayant obtenu la nomination. Mais il y a loin entre la disposition qui se borne à ordonner telle ou telle chose, et la disposition qui prohibe de faire cette même chose différemment qu'on l'a prévu. En effet, surtout en procédure, il n'existe point de nullité tacite. L'art. 1030 déclare qu'aucun exploit ou acte de procédure ne peut être annulé si la nullité n'en est pas formellement prononcée par la loi. Ce qui démontre, sans la moindre équivoque, qu'une délibération du conseil de famille est valable, bien que ses rédacteurs, au lieu d'in-

iquer la dissidence qui s'est élevée sur le
hoix du tuteur ou du subrogé-tuteur, ne
ssent qu'exprimer qu'il y a eu nomina-
on d'un tel à la majorité des suffrages.
n peut d'autant plus le penser ainsi qu'un
cte de ce genre fait foi jusqu'à inscription
e faux. Il a cette force parceque l'article
317 du code civil lui donne le carac-
ère de l'authenticité. Le magistrat dont
l émane, qui atteste envers et contre tous
quel a été le résultat de la délibération,
loit en être cru, et personne, jusqu'à
preuve contraire, n'a le droit de le taxer
d'infidélité. Une pareille justification reste
dans le domaine de l'attaque et de la défense. Elle peut faire sans doute la matière d'une contestation juridique; mais
si le tuteur ou subrogé-tuteur nommé
devait l'être, l'irrégularité n'exerce point
d'influence. ANNALES, volume de 1838,
p. 194.

39. Un père est-il valablement exclu de
la tutelle de son fils mineur par une délibération de famille non homologuée, mais
à laquelle il est intervenu en acceptant

l'exclusion prononcée contre lui par le conseil de famille?

La première de ces deux questions est résolue par les art. 447 et 448 du c. civ. D'après le premier de ces articles, « toute délibération du conseil de famille qui prononcera l'exclusion ou la destitution du tuteur sera motivée, et ne pourra être prise qu'après avoir entendu ou appelé le tuteur. » D'après l'art. 448, « si le tuteur adhère à la délibération, il en sera fait mention, et un nouveau tuteur entrera aussitôt en fonctions; et s'il y a réclamation, le subrogé-tuteur poursuivra l'homologation et la délibération devant le tribunal de première instance, qui prononcera sans appel; le tuteur exclu ou destitué peut lui-même, en ce cas, assigner le subrogé-tuteur pour le faire maintenir à la tutelle. »

Il résulte évidemment de ces articles que le conseil de famille prononce comme une espèce de tribunal, et que le jugement est définitif et en dernier ressort, si le tuteur destitué y adhère; il n'est même pas besoin que la délibération du conseil de famille soit homologuée lorsqu'il y a adhésion, l'homologation n'étant ordonnée que *s'il y a réclamation*. Du reste les dispositions du code, relatives à la destitution de la tutelle, sont applicables au tuteur légal comme au tuteur ordinaire. Cass. 17 fév. 1835; ANNALES, vol. de 1835, n° 721, p. 187. Voir aussi ci-après chap. 4.

40. Mais le père destitué peut-il ou doit-il faire partie après sa destitution du conseil de famille, lorsque le tuteur élu en ses lieu et place étant décédé, il s'agit de l'élection d'un nouveau tuteur?

L'art. 445 du code civil porte que « tout individu qui aura été exclu ou destitué d'une tutelle ne pourra être membre d'un conseil de famille. » Cet article semble résoudre la question; cependant il pourrait arriver que les causes qui ont provoqué l'exclusion ou la destitution d'un tuteur vinssent à cesser; par exemple, que celui qui était d'une inconduite notoire ait changé de conduite; en pareil cas, pour que le tuteur pût faire partie du conseil de famille, il faudrait qu'il se fît relever de la destitution de tuteur qu'il a encourue. La cour de Besançon a jugé, par arrêt du 18 décembre 1806. que le père destitué de la tutelle ne peut appeler du jugement qui le destitue, sur le fondement que depuis il à changé de conduite. (Dalloz, *Rép*. t. 12, p. 727, n° 14.) Mais d'après un arrêt de la cour de Turin, du 10 avril 1811 (Dalloz, *eodem*, p. 728, n° 15), le père destitué des fonctions de tuteur de son enfant peut être réintégré dans les mêmes fonctions.

Nous pensons que lorsque plusieurs années surtout se sont écoulées depuis la destitution, et que le tuteur nommé à la place du père destitué est mort ou a cessé ses fonctions, le père peut provoquer la convocation du conseil de famille, demander sa réintégration, faire valoir un changement de conduite ou la cessation des causes qui l'ont fait destituer, et dans ce cas si l'avis du conseil de famille est favorable, les fonctions de tuteur pourront de nouveau lui être attribuées, et par suite il sera apte à faire partie d'un conseil de famille. ANNALES, vol. de 1842, p. 244.

41. Jugé que la délibération du conseil de famille qui destitue le tuteur est suffisamment motivée, bien que les motifs en soient généraux et n'entrent pas dans le détail des faits reprochés au tuteur destitué; — 2° Que le concours du juge de paix à la délibération peut résulter de diverses énonciations indirectes contenues dans le procès-verbal de délibération. Lyon, 30 novembre 1837; ANNALES, vol. de 1841, page 73.

42. Il est certain que les motifs sur lesquels reposent la délibération du conseil de famille relativement à une mesure aussi grave que celle qui a pour objet la destitution d'un tuteur, doivent être positivement exprimés; nous pensons cependant qu'on ne saurait entacher de nullité une délibération fondée sur ce qu'un individu, par exemple, mène depuis un très grand nombre d'années la vie la plus dissipée; qu'il a dévoré le patrimoine de ses enfans et le sien par sa mauvaise conduite, si

d'ailleurs les motifs réunis aux documens produits sont de nature à faire maintenir la destitution.

43. Quant au concours du juge de paix à la délibération, le procès-verbal doit le constater; nous pensons néanmoins que l'on doit tenir pour certain que le juge de paix a délibéré, dès l'instant que la délibération ne l'excepte point formellement du nombre des membres qui ont participé à la destitution; il peut en effet suffire qu'il ait été énoncé d'une manière générale que le conseil de famille a délibéré, cette énonciation comprenant aussi bien le juge de paix que les autres membres. ANNALES, vol. de 1841, p. 73.

44. La délibération du conseil de famille, régulière dans la forme, qui nomme un tuteur contre lequel on n'allègue aucune cause d'incapacité ou d'exclusion, ne peut être attaquée sous prétexte qu'elle n'a pas été prise à l'unanimité des voix. En d'autres termes, l'article 883 du code de procédure ne s'applique pas aux délibérations du conseil de famille qui ont

pour objet de nommer un tuteur. Il ne déroge pas à l'article 418, code civ. Paris, 6 octobre 1814; D. P. 16-2-9.

45. Un tuteur forcé de disparaître par l'effet d'une inconduite notoire qui, aux termes de l'art. 444, c. civ., lui aurait fait encourir la destitution, peut-il faire gérer la tutelle par un fondé de pouvoir? En d'autres termes, le vœu de la loi n'est-il pas que celui auquel elle confère la tutelle la gère lui-même, et qu'au cas d'abandon le choix de son remplaçant appartienne exclusivement au conseil de famille?

La destitution du tuteur peut être prononcée par un double motif : à cause de son inconduite notoire, aux termes de l'article 444, et ensuite à cause de son absence. En effet, l'art. 424, c. civ., en décidant que le subrogé-tuteur ne remplace pas de droit le tuteur lorsque la tutelle est *abandonnée par absence*, décide implicitement que, dans le cas d'abandon de la tutelle par absence, il y a lieu à la nomination d'un nouveau tuteur. C'est donc au conseil de famille à procéder à cette nomination, sans tenir compte des pouvoirs que le tuteur a pu confier à une personne depuis sa disparition. L'intérêt du pupille s'oppose à une pareille délégation de pouvoirs, et la loi a pris soin de déclarer elle-même, dans l'article 419, que la tutelle était une *charge personnelle.*

C'est encore par application de ce principe, que, lorsqu'un mineur domicilié en France possède des biens dans les colonies (voir ci-dessus n° 81), l'administration spéciale de ces biens est donnée à un pro-tuteur indépendant du tuteur et non responsable envers lui, et non pas confiée à un mandataire de ce tuteur. Il y aurait péril pour les intérêts du mineur à laisser plus longtemps l'administration de son patrimoine entre les mains d'une personne non investie de la qualité de tuteur et non soumise par conséquent à la responsabilité que cette qualité impose.

46. L'article 444 du code civil qui détermine les causes pour lesquelles un tuteur peut être destitué est limitatif et non démonstratif; il s'applique aussi bien à la

tutelle légale qu'à celle qui est déférée par le conseil de famille (Toullier, t. 2, n° 1171). — En conséquence la circonstance que le père, tuteur légal de sa fille mineure, n'aurait pas, avant son entrée en fonction, convoqué un conseil de famille pour la nomination d'un subrogé-tuteur, ou qu'il n'aurait pas fait faire inventaire dans les dix jours, ne suffirait pas seule pour établir l'infidélité dans la gestion, en l'absence de toute intention de dol ou de fraude. Bordeaux, 27 novembre 1835; Sirey, 1806-2-183, 31-2-246, 32-2-470. — Voir ci-après chapitre 7.

47. Le père, tuteur légal peut être destitué de la tutelle pour incapacité. Il peut l'être également lorsque négligeant l'éducation de ses filles mineures, il les laisse livrées aux séductions les plus dangereuses. C. civ., 444 et 450; Toulouse, 25 nov. 1830 et 18 mai 1832; D. P. 31-2-189, 32-2-137.

48. L'état de faillite du père, et la séparation de biens que sa femme a fait prononcer contre lui, sont, à son égard, une cause

d'exclusion de la tutelle. Dijon, 28 prair. an 12; D. P. 2-1449.

49. Mais le conseil de famille peut-il, sous prétexte que le père, tuteur légal du mineur, est éloigné du lieu de l'administration des biens, et insolvable, lui retirer cette administration et la donner au subrogé-tuteur, sauf à lui conserver celle de la personne? — Faut-il qu'il soit entendu ou qu'il ait au moins été mis en demeure d'assister à la délibération et de s'expliquer?

Il est hors de doute qu'un tuteur légal est, comme un tuteur datif, destituable de la tutelle. On avait d'abord pensé le contraire, mais on est bientôt revenu de cette erreur. Les articles 443 et 444 contiennent en effet, les causes de destitution; elles sont générales, et le père tuteur, qui n'en est pas excepté, ne saurait pouvoir en être affranchi. Riom, 4 fructidor an 12; Toulouse, 18 mai 1832; Cass. 17 février 1835.

Ce dernier arrêt, rapporté dans nos ANNALES, vol. de 1835, page 187, a décidé que le conseil de famille avait le droit de recevoir la démission volontaire d'un tuteur, fût-ce le père ou la mère, quoique sa destitution ne fût provoquée ni par le subrogé-tuteur, ni par le juge de paix. Cette décision rentre dans la règle que le conseil peut destituer le tuteur, ou plutôt elle n'en est qu'une conséquence. Néanmoins, les causes de la démission offerte par le tuteur doivent être examinées et jugées par le conseil, qui doit rejeter cette démission si elle n'est ni dans l'intérêt du mineur, ni motivée légalement.

Cependant il existe beaucoup de difficultés sur le point de savoir si l'insolvabilité du père tuteur doit ou non le faire déchoir. Si la cour de Dijon décida, le 28 prairial an 12, qu'il n'a pas droit à la tutelle légale de ses enfans, lorsqu'il se trouve en état de faillite, la cour de Bruxelles a été d'avis, le 14 août 1832, que le négociant failli conserve encore la capacité d'être tuteur. La cour de Toulouse a même corroboré cette dernière solution le 2 juillet 1821, en jugeant que le conseil de famille ne peut imposer au père insolvable, l'obligation de donner caution ou de faire emploi des sommes qui proviennent de son administration tutélaire. Sirey, t. 4-2-166, t. 34-2-684, et t. 22-2-10; Dalloz, *Rec. alp.*, t. 12, page 726 et 739, et *Rec. pér.*, 1834-2-143.

Or, dans une telle conjoncture, nous n'hésitons pas à nous ranger du côté de la cour de Dijon. Il est certain que tout ce qui se rattache aux intérêts du mineur, rentre essentiellement dans les attributions du conseil de famille. Ne serait-il pas bien étrange qu'il pût destituer un tuteur qu'il aurait nommé, s'il était devenu insolvable, et qu'il n'eût pas le pouvoir de faire porter la destitution sur le père tuteur qui, par son insolvabilité, n'offre plus aucune garantie? De cela qu'un père peut être destitué de la tutelle quand il néglige l'éducation de ses enfans, qu'il les laisse exposés à des séductions nuisibles, l'état de faillite ou d'insolvabilité, sorte d'incapacité morale, doit produire aussi son exclusion. Cass. 16 décembre 1829 et Toulouse 25 novembre 1830; Sirey, 30-1 156, et Dalloz, *Rec. pér.* 1831-1-8 et 2-189.

Sous l'empire du Code civil, il n'y a

d'ailleurs point d'obstacle à ce que la tutelle soit divisée entre un tuteur à la personne, et un tuteur aux biens; c'est le principe que consacra la cour de Paris, le 24 pluviôse an 12, et tout en démontre la légalité. Avec ce moyen terme, il est alors permis de concilier les intérêts du père et ceux des enfans. Les droits de la puissance paternelle, nonobstant l'insolvabilité restent intacts; car le père ne cesse pas de les exercer. Il ne perd que la gestion des biens; elle ne passe à d'autres mains que pour en conserver la substance, et être profitable aux mineurs. Sirey, t. 4-2-119, et Dall. *Rec. alp.*, t. 12, p. 705.

Ainsi il est évident que la famille peut enlever la tutelle au père, ou ne lui laisser que la direction de ses enfans, abstraction faite de leur fortune. En vain dirait-on qu'il a, aux termes de l'article 384, l'usufruit légal de leurs immeubles, jusqu'à ce qu'ils aient atteint l'âge de 18 ans accomplis; que l'art. 389 le dispense de rendre compte, et que c'est pour lui un droit acquis, irrévocable même. L'article 385 impose au père usufruitier la charge de nourrir, entretenir et élever ses enfans, selon leur état ; il doit parer, en outre, aux dépenses annuelles de la propriété : d'où il suit que, s'il inspire des craintes sur l'accomplissement de ses obligations, on doit garantir aux mineurs, par un changement opéré dans l'administration, que le plus clair de leurs revenus ne sera pas follement absorbé, sauf à remettre l'excédant.

50. Dans l'hypothèse, le seul éloignement du tuteur légal ne suffirait point pour qu'on dû le remplacer, puisque, bien qu'absent du lieu où la tutelle s'est ouverte, il peut avoir des relations de localité. Ce ne serait aussi que pour le cas où son existence ne serait pas reconnue, que les parens devraient nommer un tuteur provisoire, mais lorsque à l'absence présumée, se joint l'insolvabilité, et qu'il est à propos de provoquer sa déchéance, il y a nécessité de l'interpeller. La règle est dans l'article 447 ; et certes, n'y fût-elle pas, que la solution serait encore la même, personne ne pouvant être condamné sans avoir

été entendu ou appelé. ANNALES, vol. de 1838, p. 166.

51. S'il arrive qu'un juge de paix refuse de présider un conseil de famille convoqué devant lui pour délibérer sur la destitution d'un tuteur, comment lever cet obstacle? — Dans ce cas, le tribunal nomme lui-même les membres qui devront composer le conseil de famille et en ordonne la convocation devant le même juge de paix, s'il est d'ailleurs compétent (C. civ., 407, 409 et 410). — Le jugement qui intervient en pareille circonstance n'est pas un simple jugement préparatoire ou interlocutoire, mais bien un jugement définitif, dont l'appel doit, à peine de déchéance, être inter-jeté dans les trois jours de sa signification. C. proc., 443, 451 et 452; Bordeaux, 27 janvier 1843; ANNALES, vol. de 1843, p. 143.

52. Les enfans de la personne dont l'interdiction ou la dation de conseil judiciaire est poursuivie ont voix délibérative dans le conseil de famille, lorsqu'ils ne sont pas les provocateurs de l'interdiction. C. civ.,

495; Cass. 25 mars 1833; ANNALES, vol. de 1834, n° 35.

53. Le juge de paix, comme président du conseil de famille, peut-il être récusé ?— Nous pensons que, dans les actes de juridiction non contentieuse, le juge de paix, lorsqu'il n'a qu'à constater des faits, peut être récusé. Tel est le cas d'une apposition de scellés, etc. Mais comme le C. civ. lui accorde non seulement droit de suffrage, mais voix prépondérante dans les assemblées de famille, nous sommes d'avis qu'il peut être récusé dans ces circonstances. On ne peut aujourd'hui dire, comme M. Guichard en 1791, *qu'il ne fait que recevoir la délibération de la famille.*

Ainsi, toutes les règles tracées par l'art. 44 du Code de procédure sur la récusation du juge de paix, peuvent être appliquées au juge de paix qui préside un conseil de famille. — Néanmoins, s'il est parent ou allié de celui qui est ou qui va être mis en tutelle, il peut faire partie de l'assemblée dans la ligne à laquelle il appartient.

Si le juge de paix est récusable ou récusé,

dit Magnin (*des Minorités*, t. 1ᵉʳ, p. 277),
la présidence passe de plein droit à l'un de
ses suppléans; et si ses suppléans sont eux-
mêmes récusables, c'est au tribunal du
siége de cette justice de paix à nommer le
juge de paix le plus voisin pour présider le
conseil.

Cette récusation peut être portée devant
le tribunal par l'un des membres de la famille, si le conseil n'a pas été constitué
dans la forme que nous venons d'indiquer.

En terminant ce chapitre, nous pour-
rions donner des détails convenables sur
la rédaction des procès-verbaux de délibérations des conseils de famille; mais comme
dans le chapitre 10 ci-après nous devons
tracer des formules générales et particulières de ces procès-verbaux, il est convenable, pour éviter des répétitions, de renvoyer simplement à ces formules.

CHAPITRE III.

*De l'autorité et des prérogatives du juge de paix
dans les conseils de famille.*

54. Déjà nous avons vu que le juge de paix a le droit de convoquer, de sa seule autorité, c'est à dire d'office, le conseil de famille, dans les cas prévus par la loi et suivant l'intérêt du mineur, sans avoir besoin de la réquisition d'un parent, d'un créancier, ou de toute autre partie intéressée.

Déjà aussi, nous avons vu que le juge de paix peut, dans plusieurs cas, proroger ou ajourner le conseil de famille, et qu'il le préside avec voix prépondérante. C. civ., art. 414 et 416.

Déjà enfin, il a été observé que le juge

de paix, par une sorte de pouvoir discrétionnaire, peut s'écarter de la règle posée
en l'art. 407, et appeler au conseil de famille des parens domiciliés à de grandes
distances, quoiqu'il y ait sur les lieux un
nombre suffisant de parens ou alliés pour
composer le conseil.

Mais ce ne sont pas les seules attributions
particulières du juge de paix en cette matière.

55. En sa qualité de président, il constitue le conseil, dirige la délibération,
accorde la parole aux membres qui veulent
discuter, ou la refuse si la discussion est
inutile ; il propose les questions sur lesquelles il s'agit de délibérer ou les nominations qu'il convient de faire ; il recueille
les voix en commençant par les parens les
plus âgés ou les plus proches dans la ligne
paternelle ; il émet son vote particulier et
prononce le résultat de la délibération.

Ce vote particulier est tellement important que s'il n'avait pas lieu, ou s'il n'était
pas exprimé dans le procès-verbal, il s'en-
suivrait une nullité formelle ; c'est ce qui

3

a été jugé par plusieurs arrêts, attendu que si le juge ne délibère pas, il n'existe pas de voix prépondérante en cas de partage. L'omission de cet avis vicie d'autant plus la délibération, que dans ces sortes de débats, où souvent la passion et l'intérêt agissent sur les autres délibérans, l'opinion d'un magistrat impartial peut éclairer la religion des jugés. C. civ. 416.

56. C'est à ce magistrat qu'il appartient de vérifier, d'admettre ou de rejeter les procurations ou mandats des parens convoqués qui ne peuvent ou ne veulent pas comparaître en personne.

57. Le juge de paix choisit ou agrée ceux qui doivent être appelés au conseil de famille. (C. civ. 409.) Les parens du mineur, même le père ou la mère n'ont pas le droit de composer ce conseil suivant leurs intérêts ou leurs passions ; ils n'ont que celui de requérir la convocation. L'intérêt du mineur est que l'ordre et la proximité établis par la loi soient observés. Ainsi le juge de paix repousse les parens éloignés qui lui sont proposés lorsqu'il en

existe de plus proches sur les lieux ou dans la distance prescrite : il repousse aussi les amis officieux qui se présentent d'eux-mêmes, ou qui paraissent trop dévoués à certaines parties intéressées. Dans tous les cas il désigne comme amis les personnes connues pour avoir eu des relations amicales et de bon voisinage avec les père et mère des mineurs.

La désignation d'un ami, dès qu'elle est faite par le juge de paix, est suffisante pour l'obliger à comparaître au conseil. En vain il prétendrait qu'il n'a point eu de liaison d'amitié avec la famille, la présomption serait en faveur du juge, et on ne devrait voir dans les difficultés de l'ami qu'un prétexte pour s'éviter de concourir aux délibérations de la famille. « Néanmoins, dit M. Locré, si le juge de paix avait affecté d'écarter les amis véritables du mineur pour leur substituer des hommes indifférens ou peut-être gagnés, une telle prévarication, dont le motif ne saurait être innocent, pourrait donner lieu d'attaquer la nomination du tuteur : le dol et la fraude infectent de nullité tout ce qu'ils produisent. » *Esprit du code civ.*, t. 5 , p. 72.

Cette prétendue prévarication n'est point à craindre selon nous ; car un juge de paix ne peut manquer ainsi à l'honneur et à sa conscience. Mais ce juge peut être trompé ou induit en erreur dans le choix des amis.

58. Le droit d'appeler un ami cesse-t-il lorsqu'un parent, domicilié au-delà de deux myriamètres, fait signifier au juge de paix qu'il entend assister au conseil de famille pour le compléter ?

L'affirmative a d'abord été décidée par un arrêt de la cour de Besançon du 26 août 1808; mais la cour de Paris a jugé ensuite, le 23 avril 1818 , que le juge de paix est seul arbitre de la composition du conseil de famille, et qu'il peut, en vertu de l'art. 409 , sans s'arrêter à la notification d'un parent domicilié hors du rayon légal , appeler un ami au conseil de famille. La cour de Rouen a été plus loin ; elle a décidé que des parens plus proches que ceux qui sont sur les lieux et qui offrent de s'y rendre à leurs frais , ne peuvent , par leur offre , empêcher le juge de paix de composer le conseil de famille suivant les règles prescrites par l'art. 407. Arrêt du 29 nov. 1816 ; Sirey , 19-2-76.

59. Il appartient au juge de paix seul de prononcer sur les excuses qu'un parent convoqué et non comparant au conseil fait proposer pour justifier son absence ou autre empêchement; il peut les rejeter ou les admettre sans le concours ou la délibération des membres présens ; il a toute juridiction à cet égard. Néanmoins il peut , suivant sa prudence , éclairer seulement sa décision , consulter ceux des membres présens qui seraient dans le cas de lui faire connaître les causes de l'absence du défaillant , ou la vérité de ses excuses.

60. Lorsque le juge de paix prononce l'amende imposée par l'art. 413 , il décide en dernier ressort comme magistrat souverain. Les délibérans au conseil de famille ne peuvent participer en aucune manière à ce jugement. Néanmoins il peut modérer l'amende , car la loi ne le défend

pas ; mais il ne doit le faire que dans des circonstances particulières, notamment lors. qu'il paraît que l'amende est trop considérable à raison des facultés du défaillant.

61. Le juge de paix peut prendre l'initiative dans le conseil de famille lorsqu'il est assemblé, à l'égard de telles mesures qui sont dans l'intérêt du mineur et de la régularité de la tutelle. Il peut notamment :

1° Proposer immédiatement après la nomination du tuteur, de nommer un subrogé-tuteur au mineur, et le conseil doit déférer à cette proposition. C. civ. 422.

2° Requérir le conseil de famille de régler, par aperçu et suivant l'importance des biens de la tutelle, la somme à laquelle pourra s'élever la dépense annuelle du mineur ainsi que celle d'administration de ses biens. (*Ibid.* 454.) Il n'y a plus lieu, comme autrefois, de faire procéder à un bail de nourriture des mineurs.

3° Provoquer l'autorisation du conseil de famille pour mettre le tuteur dans le cas d'accepter ou de renoncer à la succession ouverte en faveur du mineur. Dans tous les cas l'acceptation ne peut avoir lieu que sous bénéfice d'inventaire. *Ibid.*, art. 461.

4° Enfin proposer de donner au tuteur telles autres autorisations que les circonstances pourront exiger.

62. En composant le conseil de famille, le juge de paix en exclut ceux des parens qui n'ont pas les capacités voulues par la loi, ou qui en sont dispensés, encore qu'ils seraient les plus proches. Mais quels sont ces parens ? Nous allons en parler dans le chapitre suivant.

Le juge de paix peut recevoir le serment des tuteurs et subrogés-tuteurs aussitôt qu'ils sont nommés. Cependant cette formalité ne s'observe pas généralement dans toutes les justices de paix , depuis le code civil. Mais auparavant le serment était regardé comme la première obligation des tuteurs et curateurs. Les lois romaines, les coutumes et la loi du 24 août 1790 exigeaient ce serment d'une manière expresse. Il en est autrement du code civil, qui est muet sur ce point.

63. De ce silence on a conclu que l'or-

dre nouveau, établi pour les tutelles et les conseils de famille par le même code, déroge à l'ancien ordre ; tellement que l'art. 418 dispose que le tuteur administrera la tutelle à compter du jour de sa nomination , si elle a été connue de lui , sinon du jour qu'elle lui a été notifiée , sans lui imposer de prêter un serment préalable. Voir Merlin, v° *Subrogé-tuteur*, et un arrêt de la cour de Bordeaux du 4 avril 1809, qui a jugé que le serment ne doit plus être exigé des tuteurs.

64. Néanmoins il est encore beaucoup de juges de paix qui le font prêter, parceque, selon eux, la loi du 24 août 1790 n'est pas formellement abrogée; mais il serait difficile , pour ne pas dire impossible, à ces magistrats de contraindre un tuteur à prêter serment s'il s'y refusait , attendu que la loi nouvelle ne donne aucun moyen pour l'y contraindre.

CHAPITRE IV.

De ceux qui ne peuvent être membres du conseil de famille, ou qui en sont dispensés.

65. « Ne peuvent être tuteurs ni membres des conseils de famille : 1° les mineurs, excepté le père ou la mère ; — 2° les interdits ; — 3° les femmes, autres que la mère et les ascendantes ; — 4° tous ceux qui ont, ou dont les père et mère ont avec le mineur un procès dans lequel l'état de ce mineur, sa fortune, ou une partie notable de ses biens sont compromis. » C. civ., 442.

66. « Tout individu qui aura été exclu ou destitué d'une tutelle ne pourra être membre d'un conseil de famille » (*Ibid.*, 445.) Voir cependant ci-dessus n°ˢ 35 et 36, comme exceptions.

3*.

67. Les motifs d'exclusion du mineur sont évidens, parceque étant dans une incapacité formelle jusqu'à sa majorité, il ne peut ni administrer la tutelle, ni délibérer sur les actes qui la constituent ou la régularisent. De même les causes de l'exclusion des interdits et des femmes proviennent de l'état d'incapacité où ils se trouvent. Cet état est même absolu et permanent à l'égard de l'interdit. Mais lorsque les mineurs sont devenus pères, et les femmes devenues mères, la nature et la loi leur accordent la tutelle de leurs enfans; par conséquent ils sont alors capables de délibérer dans les conseils de famille qui concernent cette tutelle. Voir ci-dessus, n° 6.

68. Quant aux motifs de l'exclusion de ceux qui, eux-mêmes, ou dont les père ou mère sont engagés dans une sérieuse contestation avec le mineur, ils sont aussi empruntés à la législation romaine, qui allait beaucoup plus loin que l'art. 442, puisqu'elle comprenait non seulement les procès terminés et jugés, mais encore la dénonciation, l'inimitié capitale, etc.

Les législateurs du code n'ont point admis ces différentes causes ; il faut donc se conformer au texte de l'article précité. Mais ne doit-on pas comprendre dans les procès existans, à l'égard desquels il dispose, ceux qui existent entre les mineurs et les femmes des parens qui ont la vocation de délibérer au conseil de famille ? Nous le pensons ainsi, parceque les droits des femmes sont toujours ou presque toujours identifiés à ceux de leurs maris : *Ubi eadem ratio ibi et idem jus.*

69. Le cohéritier d'un mineur qui se trouve en même temps son proche parent et son créancier doit-il être exclu du conseil de famille ? L'affirmative avait été jugée par arrêt de cassation du 3 février 1832, qui a déclaré nulle la délibération à laquelle avait concouru un tel cohéritier. La nullité, a dit la cour, doit être prononcée sur une demande directe, sans qu'il soit besoin d'appeler de la sentence d'homologation. En vain on dirait que le cohéritier, dans cette qualité, a des droits égaux à ceux du mineur, mais il n'en est pas

moins en opposition d'intérêts avec lui comme créancier.

70. Les exclusions dont il s'agit sont-elles les seules qui peuvent être appliquées dans les conseils de famille? En d'autres termes, les articles 442 et 445 sont-ils limitatifs ou simplement démonstratifs? Un arrêt de la cour de cassation, du 13 octobre 1807, a jugé qu'ils sont limitatifs, et que le juge de paix ne peut y ajouter d'autres causes d'exclusion. Cependant on ne pourrait admettre dans les conseils de famille sans résister à l'esprit de la loi, tous ceux qui ne jouissent pas des droits civils par suite de condamnation à des peines afflictives ou infâmantes. (Code civ., 443.) Ces personnes ne peuvent paraître en justice comme témoins, ou experts, ou jurés; elles sont exclues des tutelles, et elles ne peuvent exercer celles de leurs propres enfans que sur l'avis du conseil de famille. (C. pén., art. 28.) Comment pourraient-elles donc concourir à ces avis ?

71. De même on ne doit pas admettre dans les conseils de famille des étrangers

à moins qu'ils ne soient naturalisés, ni des Français qui auraient perdu cette qualité; les uns et les autres ne peuvent jouir des droits civils au nombre desquels sont incontestablement ceux de la tutelle et des conseils de famille. C'est pourquoi il a été jugé par la cour de Colmar, le 25 juillet 1817, que, lorsque le pays auquel appartient un tuteur vient à être séparé de la France, et que le mineur continue à être Français, il y a lieu de lui donner un autre tuteur. Sirey, 18-2-250.

72. Le membre d'un conseil de famille qui, nommé subrogé-tuteur, excipe de son incapacité comme ayant avec le mineur un procès pour une somme de 150 fr., est-il admissible dans cette excuse lorsqu'il ne l'a proposée qu'après la délibération, au lieu de s'en prévaloir dès l'origine en refusant de faire partie du conseil de famille?

Dans les matières de tutelles on distingue avec soin les *excuses* des motifs *d'incapacité* ou de *destitution*. En effet, les premières sont introduites en faveur des appelés à la tutelle ou au conseil de famille, tandis que les seconds sont établis dans l'intérêt des mineurs. On peut donc renoncer à une excuse par suite du principe général *qu'on peut renoncer à tous les droits introduits en sa faveur.* Mais il n'en est pas de même des motifs d'incapacité ; l'intérêt du mineur exige qu'ils soient dénoncés sévèrement et à quelque époque que ce soit.

Si donc réellement le subrogé-tuteur dont il s'agit était dans le cas du n° 4 de l'art. 442 du code civil, point de doute que son silence antérieur ne l'aurait pas relevé de son incapacité, et qu'il serait fondé à provoquer lui-même sa destitution comme devrait le faire le tuteur ou tout autre parent du mineur. C. civil , art. 446.

73. Mais l'art. 442, dans son § 4, parle *d'un procès dans lequel l'état du mineur, sa fortune ou* UNE PARTIE NOTABLE DE SES BIENS *sont compromis.* Il est évident que ce procès minime de 150 fr. ne met pas en péril *partie notable* de la fortune du mineur. L'art. 442 n'est donc pas applicable.

Et qu'on ne dise pas qu'en dehors des termes de cet article on peut, par analogie, trouver une incapacité dans le fait dont il s'agit. Les incapacités sont de droit étroit, et la cour de cassation, par son arrêt du 13 octobre 1807, ci-dessus cité, a jugé que les causes d'exclusion de la tutelle énoncées dans les articles 442 et 445 du code sont les seules qui puissent être admises. La nomination du subrogé-tuteur, dans l'espèce de la question ci-dessus, devait donc être maintenue. — Voir ci-dessus n° 39 et suiv.

Parmi les personnes désignées par la loi comme pouvant être tuteur, il y en a qui ont, comme nous venons de le dire ci-dessus, n° 60, la faculté de se faire dispenser de cette charge. Ce sont : les princes du sang, les grands amiraux, les maréchaux de France, les inspecteurs et colonels généraux, les grands officiers de la couronne, les pairs, les députés, les conseillers d'état, de la cour de cassation, de la cour des comptes, les préfets, les militaires en activité de service, et tous ceux qui exercent une fonction publique dans un département autre que celui où la tutelle s'établit. (C. civ., 427.) Tout individu atteint d'une infirmité grave et dûment justifiée est dispensée de la tutelle ; il peut même s'en faire décharger si cette infirmité est survenue depuis sa nomination. *Ibid.* 434.

A l'âge de soixante-cinq ans accomplis, on peut également être dispensé de la tutelle. (C. civ. 433)—Voir ci-dessus, n° 22.

Il en est de même pour celui qui n'est ni parent, ni allié, à moins qu'il ne s'en trouve pas, dans la distance de quatre myriamètres, de capable de gérer la tutelle. Code civ. 432.

La loi dispense encore de la tutelle, hors celle de ses enfans, ceux qui ont cinq enfans légitimes. Les enfans morts en activité de service dans les armées de l'état sont comptés pour opérer cette dispense. Les autres enfans morts ne sont comptés qu'autant qu'eux-mêmes ont laissé des enfans actuellement existans. *Ibid.*, 436 ; Toullier n° 1122.— Voir ci-après chapitre sixième, n° 131.

CHAPITRE V.

Des diverses attributions des conseils de famille.

75. Les conseils de famille n'ont point d'attributions judiciaires, quoiqu'ils soient présidés par un magistrat. Ainsi leurs délibérations ne sont point des jugemens, mais bien de simples avis, ou autorisations, ou des nominations. C'est ainsi que l'on doit considérer leurs attributions diverses.

Presque toutes ces attributions résultent des dispositions du code civil, et c'est en suivant l'ordre de ce code que nous allons les indiquer.

76. Aux termes de l'article 142, lorsqu'un père a disparu de son domicile, la mère exerce la puissance paternelle sur les enfans mineurs. Mais, ajoute l'article 142,

six mois après la disparition, si la mère était décédée auparavant, ou dans un temps qui précéderait la déclaration de l'absence du père, la surveillance des enfans sera déférée par le conseil de famille aux ascendans les plus proches et, à leur défaut, à un tuteur provisoire. « Il en sera de même dans le cas où l'un des époux ayant disparu laissera des enfans mineurs issus d'un mariage précédent. » C. civ. art. 143.

77. Ce n'est point ici le cas de déférer la tutelle à l'aïeul le plus proche, comme lors du décès des père et mère, parceque l'un ou l'autre existe, et celui-là même qui est disparu est présumé existant jusqu'à la preuve contraire; c'est pourquoi il ne peut être dépouillé de ses droits à la tutelle de ses enfans sur une simple présomption de mort, et surtout avant que son absence soit déclarée. Aussi la loi ne permet de nommer qu'un tuteur provisoire aux enfans mineurs.

78. La mère exerce dans ces circonstances tous les droits de son mari relatifs à l'éducation et à l'administration des biens

de ses enfans; elle peut même, *avec autorisation de justice*, engager les biens de
la communauté pour leur établissement.
(C. civ., 1427.) Ses biens ne sont pas frappés
d'hypothèque légale; il n'est pas nommé
de subrogé-tuteur pour la première période; car la mère agit en ce cas non comme tutrice, mais comme mandataire légale.
Boileux, *sur l'art.* 141 *C. civil.*

79. La loi n'a pas mentionné le cas où ce
serait la mère qui eut disparu, puisque,
dans ce cas, le père conserve sur ses enfans
la puissance qu'il avait avant la disparition
de la mère.

80. « L'enfant naturel qui n'a point été
reconnu, ou celui qui, après l'avoir été a
perdu ses père et mère, ou dont les père et
mère ne peuvent manifester leur volonté,
ne pourra, avant l'âge de 21 ans révolus,
se marier qu'après avoir obtenu le consentement d'un tuteur *ad hoc* qui lui sera nommé. » (C. civ. art. 159.) Qui nommera ce tuteur ? Le texte présente en apparence une
lacune : mais en le combinant avec l'art.
405, qui en est généralement regardé

comme le complément, il est hors de doute que c'est au conseil de famille que la nomination appartient ; conseil qui est convoqué et présidé comme tous les autres. Cependant il ne peut être composé que d'amis choisis par le juge de paix, dans le premier cas prévu par l'art. 159, parceque l'enfant naturel non reconnu est sans famille ni parens. Dans les autres cas on suit, pour la composition du conseil, les règles des articles 407 et suivans.

81. Si les fils ou les filles mineurs de vingt-un ans n'ont ni père ni mère, ni aïeuls ni aïeules, ou s'ils se trouvent tous dans l'impossibilité de manifester leur volonté, ils ne peuvent contracter mariage sans le consentement du conseil de famille. C. civ., 160.

Le conseil ne se borne point à autoriser le mariage, mais il nomme un curateur *ad hoc* au mineur, pour l'autoriser tant dans la célébration du mariage que dans le réglement des conventions. *Ibid.*, 1398.

Mais quelles circonstances constituent pour les parens du mineur l'impossibilité de se présenter ? C'est d'abord l'absence déclarée ou non, la disparition ou le domicile inconnu.

82. Lorsque le consentement du conseil de famille n'a pas été obtenu pour le mariage du mineur, le tuteur pourra former opposition à ce mariage, pourvu qu'il y soit préalablement autorisé par le conseil de famille. Le tuteur peut aussi former cette opposition lorsque le futur époux mineur est en état de démence. Mais dans ce cas, il doit, non seulement demander l'autorisation du conseil, mais encore poursuivre l'interdiction du mineur. *Ibid.*, 174 et 175.

De même la loi ne permet pas au tuteur d'autoriser lui seul, sans le consentement du conseil de famille, le mariage du mineur; de même elle n'a pas dû lui permettre de s'opposer à ce mariage sans l'autorisation de ce conseil.

83. L'exécution des articles 267 et 302, qui permettent à la famille de demander que les enfans mineurs d'époux divorcés soient remis à celui qui est le plus capable

d'en prendre soin , est confiée au conseil de famille lorsqu'il s'agit de séparation de corps, séparation à laquelle la jurisprudence applique ces deux articles.

Le conseil est dans ce cas convoqué dans les formes ordinaires. *Ibid.*, 406.

84. En cas de désaveu d'un enfant par le mari, l'art. 318 veut que ce désaveu soit signifié à un tuteur *ad hoc* donné à l'enfant. Mais qui nomme ce tuteur ? Le conseil de famille sans contredit, dont la convocation est requise du juge de paix compétent par le mari désavouant. Les règles de la composition et des délibérations des conseils de famille en général sont applicables à celui-ci, sauf deux exceptions :

1° On ne doit y appeler que des parens maternels, et non des parens paternels, mais on les remplace par des amis, attendu que le désaveu du père fait cesser présomptivement la parenté de la ligne. On objecte néanmoins que l'enfant ayant, dans son acte de naissance, un titre de possession , on ne peut établir une présomption contraire par la seule notification du désaveu. Mais il faut répondre que ce serait préjuger contre le désaveu si on reconnaissait à l'enfant la parenté du père qui le désavoue. Celui-ci se mettrait en contradiction avec son désaveu s'il convoquait ses propres parens. D'ailleurs la possession de l'enfant est à la fois rendue douteuse et suspendue par le désaveu.

85. « Tout individu âgé de 50 ans, et sans enfans ni descendans légitimes, qui voudra, durant la minorité d'un individu, se l'attacher par un titre légal, pourra devenir son tuteur officieux, en obtenant le consentement des père et mère de l'enfant, ou du survivant d'entre eux, ou, à leur défaut, d'un conseil de famille; ou enfin, si l'enfant n'a pas de parens connus, en obtenant le consentement des administrateurs de l'hospice où il aura été recueilli, ou de la municipalité du lieu de sa résidence. » C. civ., 361.

Le conseil de famille admet ou refuse la tutelle officieuse; mais en l'autorisant il doit en régler les conditions, qui doivent être acceptées par celui qui veut devenir tuteur officieux. Au reste ce conseil est convoqué non seulement en cas de décès des père et mère , mais encore lorsqu'ils se trouvent dans l'impossibilité de manifester leur volonté.

Quant aux enfans placés dans les hospices , voir la loi du 15 pluviôse an 13 , art. 1er , 2 , 3 et 4.

86. « Si, lors du décès du mari, la femme est enceinte , il sera nommé un curateur au ventre par le conseil de famille. A la naissance de l'enfant , la mère en deviendra la tutrice , et le curateur sera de plein droit le subrogé-tuteur. » Code civ., art. 393.

Pendant la grossesse il n'y a point de tutelle , ainsi il ne peut y avoir de tuteur. (Leg. 48, D. *de Administ. et pericul....*) Le curateur n'est qu'un simple agent qui veille à la conservation des droits et des personnes. Mais il faut bien remarquer, comme le dit M. Toullier , que cet agent n'est curateur qu'au ventre et non à l'enfant seul qui doit naître, parcequ'il n'est pas seulement chargé de veiller aux droits de cet enfant , mais encore à ceux des personnes qui doivent recueillir la succession à son défaut. Voir ci-après, chap. 11, § 8.

87. « La mère n'est point tenue d'accepter la tutelle ; néanmoins, et en cas qu'elle la refuse, elle devra en remplir les devoirs jusqu'à ce qu'elle ait fait nommer un tuteur. » C. civ., 394.

C'est le cas d'agir suivant les dispositions des art. 405 et 406 du code civil. Mais si la mère avait accepté la tutelle de ses enfans , elle ne pourrait l'abdiquer que pour des causes légitimes et légales, et après avoir obtenu l'autorisation du conseil de famille, parceque la mère qui a géré la tutelle est assimilée à un tuteur datif. *Ibid.*, 439.

88. Si la mère tutrice veut se remarier, elle doit , avant de contracter le second mariage , se faire maintenir dans la tutelle de ses enfans, sinon elle la perd de *plein droit. Ibid.*, 395.

Et, lorsque le conseil conserve la tutelle à la mère , il lui adjoint pour co-tuteur le futur mari , qui devient solidaire-

3'*

ment responsable , avec son épouse , des suites de la tutelle. *Ibid.*, 396.

89. Une controverse grave s'est présentée sur l'art. 395. Est-il prohibitif ? En d'autres termes, établit-il une déchéance absolue de la tutelle contre la mère qui a passé à de secondes noces sans demander ou obtenir la conservation de la tutelle ? Trois cours royales ont décidé que la tutelle peut être rendue à la mère déchue par le conseil de famille , parceque la loi ne le défend pas. Mais quatre autres cours ont décidé , dans le sens contraire , que la déchéance est de droit et irrévocable ; qu'elle est même de rigueur , puisqu'elle s'applique à la mère d'un enfant naturel ; encore que la loi ne parle que de la mère légitime; qu'enfin les conseils de famille n'ont d'autre autorité que celle qui leur est *nommément* accordée par la loi. Or aucune disposition ne leur confère l'étrange droit der elever d'une déchéance qui s'opère *ipso jure* , ni d'une pénalité établie pour l'ordre public. Cass., 31 août 1815 ; Nîmes , 19

prairial an 13 ; Poitiers , 15 février 1811 ; Paris , 28 juillet 1814.

Nous pensons que ces arrêts ont sagement appliqué l'art. 395 , tellement que , lors de la discussion de ce texte au conseil d'état, il fut arrêté unanimement que la tutelle serait perdue de plein droit et sans retour , sans qu'il fût permis à la famille de la rendre à la mère. C'est ce qui est attesté par de Malleville, l'un des rédacteurs du code, et par Locré, secrétaire général du conseil d'état. D'ailleurs, par sa déchéance, la mère remariée est rendue incapable (c. civ., 445), et il n'appartient pas au conseil de la rendre capable.

90. « Lorsque la mère remariée et maintenue dans la tutelle aura fait choix d'un tuteur aux enfans de son premier mari, ce choix ne sera valable qu'autant qu'il sera confirmé par le conseil de famille. » Code civ., 460.

Le choix du tuteur dont s'agit ici se fait par acte testamentaire; mais la confirmation a lieu avec les formalités ordinaires requises pour les convocations et délibérations du conseil de famille. Quand ce conseil refuse de confirmer le choix de la mère, il n'est point obligé d'énoncer les motifs de son refus. Au reste c'est dans l'intérêt des mineurs que les parens doivent se décider. — Voir Duranton, n° 438 et Roll., n° 55.

91. Si le conseil de famille n'adhérait pas à la nomination faite par la mère, le tuteur qu'elle a désigné peut bien attaquer la délibération quant à la forme, mais non quant au fond ; parceque la nomination n'est valable que sous la condition qu'elle eût été approuvée par le conseil de famille. Duranton, n° 437.

92. « Lorsqu'un enfant mineur et non émancipé restera sans père ni mère, ni ascendans mâles, comme aussi lorsque le tuteur de l'une des qualités ci-devant exprimées (le père, la mère, les ascendans,) se trouvera dans le cas d'une exclusion ou d'une excuse valable, il sera pourvu par le conseil de famille à la nomination d'un tuteur. C. civ., 405.

Cette disposition, qui constitue essentiellement la tutelle dative, laisse au conseil de
famille une entière liberté pour le choix
d'un tuteur; elle ne prescrit point de nommer le plus proche parent, mais elle ne
déroge pas à la règle dominante de l'intérêt du mineur. C'est donc cet intérêt qui
doit dicter le choix des parens nominateurs
des tuteurs.

93. Le conseil de famille n'est pas dans
l'obligation de prendre le tuteur parmi les
membres qui le composent. Toull., n° 1122;
Delvincourt, p. 114; Favard, v° *Tutelle*.

94. « Quand le mineur, domicilié en
France, possède des biens dans les colonies,
ou réciproquement, l'administration spéciale de ses biens est donnée à un pro-tuteur;
en ce cas, le tuteur et le pro-tuteur sont
indépendans et non responsables l'un envers l'autre pour leur gestion respective. »
C. civ., 417.

Cette disposition s'applique-t-elle à la
tutelle légale? Non, dit M. Toullier, parceque le père et la mère ayant la jouissance
des biens de leurs enfans, c'est à eux qu'il

appartient de gérer ou de faire gérer les propriétés que leurs enfans possédent dans les colonies.

Mais il faut répondre à cet argument, que ce n'est point comme tuteur que les père et mère jouissent des biens de leurs enfans, mais bien en vertu de la puissance paternelle; que nulle part la loi n'excepte de la pro-tutelle la tutelle légale, et que, loin de cela, elle la soumet, dans beaucoup de circonstances, aux règles, aux obligations et à la surveillance imposées à la tutelle dative; qu'enfin la déclaration royale du 1er février 1743, qui n'est point abrogée, soumet à la pro-tutelle la tutelle des père et mère.

95. Nonobstant l'expression impérative de l'art. 417, *sera donnée,* nous pensons que cette nomination ne doit avoir lieu qu'autant qu'elle est requise par le tuteur ou réclamée par l'intérêt du mineur (Boileux, *sur l'art.* 417). Ce pro-tuteur est nommé dans le lieu où s'assemble le conseil de famille pour choisir un tuteur; le remplacement se fait aux colonies; — Si le

pro-tuteur s'excuse, ou si le conseil de famille n'en a pas nommé, les biens doivent être administrés par le tuteur. Nous pensons même qu'il faudra constituer aux colonies un conseil de famille; parcequ'il peut survenir des opérations que le pro-tuteur ne saurait faire seul et qu'il serait par trop onéreux de l'astreindre à passer les mers. *Ibid.*

96. « La tutelle est une charge personnelle qui ne passe point aux héritiers du tuteur. Ceux-ci seront seulement responsables de la gestion de leur auteur; et, s'ils sont majeurs, ils seront tenus de la continuer jusqu'à la nomination d'un nouveau tuteur. » C. civ., 419.

Mais, si les héritiers du tuteur sont mineurs, c'est au subrogé-tuteur à gérer provisoirement et à convoquer sans délai le conseil de famille pour faire nommer un nouveau tuteur.

En déclarant les héritiers responsables de la gestion de leur auteur, la loi a eu pour but de mettre à la charge de la succession qu'ils sont appelés à recueillir les dommages et intérêts auxquels pourrait donner lieu la mauvaise administration du tuteur.

97. « Dans toute tutelle il y a un subrogé-tuteur nommé par le conseil de famille ; ses fonctions consistent à agir pour les intérêts du mineur, lorsqu'ils seront en opposition avec ceux du tuteur. » Code civ., 420.

Le tuteur légal ou le testamentaire, avant d'entrer en fonctions, doit faire nommer un subrogé-tuteur, autrement le conseil de famille peut lui retirer la tutelle dans certains cas. (*Ibid.* 421.) — Dans les tutelles datives la nomination du subrogé-tuteur se fait immédiatement après celle du tuteur.

98. Pour conférer l'adoption à un mineur dont les père et mère sont décédés, il est indispensable que celui qui veut l'adopter obtienne le consentement du conseil de famille. Il s'agit ici d'un changement d'état pour lequel le consentement d'un tuteur datif ne suffit pas. C'est le cas d'appliquer, dans cette circonstance, la règle

établie pour le mariage d'un mineur orphelin. C. civ , art. 160.

99. « Si le tuteur nommé n'a pas assisté
à la délibération qui lui a conféré la tutelle, il pourra faire convoquer le conseil
de famille pour délibérer sur ses excuses.
Ses diligences à ce sujet devront avoir
lieu dans le délai de trois jours à partir de
sa nomination, etc. » *Ibid.* 439.

Mais si le tuteur assiste à la délibération
il doit, sous peine d'être déclaré non recevable, présenter ses excuses à l'instant
même, sur lesquelles le conseil délibère de
suite.

Le délai de trois jours est fatal, il opère
la déchéance des excuses du tuteur lorsqu'il n'a pas convoqué le conseil de famille
dans ce même délai, lequel est augmenté
d'un jour par trois myriamètres de distance
du lieu du domicile du tuteur à celui de
l'ouverture de la tutelle. Quand les excuses
du tuteur sont rejetées, il peut se pourvoir
devant les tribunaux. C. proc., art. 832
et suiv.

100. « Toutes les fois qu'il y aura lieu à

une destitution de tuteur, elle sera prononcée par le conseil de famille convoqué à la diligence du subrogé-tuteur ou du juge de paix, etc.... » C. civ., 446.

C'est à la fois un droit et un devoir pour le subrogé-tuteur de poursuivre la destitution d'un tuteur prévenu d'infidélité, d'incapacité ou de fraude. Mais cette poursuite n'est que facultative pour le juge de paix, à moins qu'il n'en soit requis par un ou plusieurs parens, ou alliés du mineur au degré de cousin-germain ou à des degrés plus proches.

Le subrogé-tuteur peut dans tous les cas voter pour la destitution du tuteur, encore qu'il la provoque. (Rennes, 14 février et Rouen, 17 novembre 1810 ; Sirey, 11-2-86 ; Cass., 12 mai 1830 ; Sirey, 30-1-326 ; Delvincourt, page 116, n° 8 ; Magnin, n° 8.)— Il en est ainsi du juge de paix lorsqu'il agit d'office. Au surplus il faut se conformer aux art. 447 et 448 du c. civ., 882 et suiv. du c. proc.

101. Par le § 3 de l'art. 450 il est interdit au tuteur de prendre à bail les biens

du mineur, ni de les acheter sans le consentement du conseil de famille, qui donne, s'il y a lieu, au subrogé-tuteur, les autorisations nécessaires pour contracter avec le tuteur dans ces circonstances.

Le conseil peut établir, en donnant son consentement, telles conditions qui lui semblent utiles dans l'intérêt du mineur. Par exemple, il doit toujours déclarer que les ventes ou baux seront faits publiquement, et que ceux-ci ne pourront être consentis que pour sept ou neuf années au plus.

La même circonstance est nécessaire au tuteur pour accepter ou acquérir des droits ou créances contre son pupille.

102. « Dans toute tutelle autre que celle des père et mère, le conseil de famille doit, à l'entrée en exercice du tuteur, régler par aperçu et suivant l'importance des biens régis, la dépense annuelle des biens du mineur et celle de l'administration de ses propriétés. » C. civ., 454.

Ce réglement doit seulement comprendre, en ce qui concerne le tuteur, ses frais de voyage, ses déboursés et autres dépenses que la fortune du pupille ou l'éloignement de ses biens peut nécessiter, mais on ne doit point y comprendre une rétribution annuelle pour le tuteur dont la gestion est absolument gratuite. Néanmoins, si, à cause de l'importance de la tutelle, il était adjoint au tuteur, par le conseil de famille, des gérans particuliers, ils devraient être rétribués. *Ibid.* 454.

Ces administrateurs gèrent sous la responsabilité du tuteur, dont ils sont de véritables mandataires; le mineur n'a point d'hypothèque légale sur leurs biens. Magnin, n° 682.

Les salaires de ces administrateurs gérans sont fixés par le conseil de famille; à défaut de fixation, le tuteur ne doit accorder que des traitemens qui rentreront dans les limites des revenus, sauf au conseil de famille à statuer, s'il y a réclamation. Massé, t. 1, p. 149.

103. Par l'article 452 du code civil, le conseil de famille est autorisé à dispenser le tuteur de faire vendre tels meubles et

effets dont il juge la conservation utile aux besoins ou intérêt du mineur.

On doit ordonner la conservation en nature non seulement de tous les meubles qui sont réputés immeubles par destination ; cette conservation est même de droit, mais encore de tous les meubles précieux, des bestiaux employés à l'agriculture, des bibliothèques, des habillemens et autres objets dont les mineurs sont dans le cas de faire un usage personnel et journalier. Au reste, voir l'art. 453, pour ce qui concerne les père et mère tuteurs.

104. Le conseil de famille détermine positivement la somme à laquelle commence, pour le tuteur, l'obligation d'employer l'excédant des revenus sur la dépense. Cet emploi devra être fait dans le délai de six mois; passé lequel, le tuteur devra les intérêts à défaut d'emploi. C. civ., 455.

Lorsque le conseil de famille a fixé la somme à laquelle commencera pour le tuteur l'obligation de faire emploi de l'excédant des revenus, cet emploi doit avoir

4

lieu conformément à ce que le conseil de famille aura décidé; et s'il n'y a pas eu de décision, l'excédant des revenus doit être employé en acquisition d'immeubles, en placemens hypothécaires ou en rente sur l'État. Cependant comme nous ne pensons pas que l'art. 1067, c. civ., soit ici applicable, nous serions porté à croire que le tuteur peut faire sous sa responsabilité, ce qu'il juge le plus convenable. Duranton, n° 565, est de cet avis; voir encore Delvincourt, page 122; Magnin, n° 685, et Pigeau, t. 2, pag. 484 et suiv.

105. Si, dans le délai de six mois, depuis que le conseil a déterminé la somme qui doit être placée ou employée, le tuteur s'est trouvé dans l'impossibilité de faire des placemens solides, le conseil de famille peut lui accorder une prorogation de délai, pourvu qu'il justifie de ses diligences et des obstacles qu'il a éprouvés. « Il mettra sa responsabilité à couvert, a dit M. Berlier, rapporteur de la loi, en soumettant au conseil les obstacles qu'il rencontre à faire emploi avec plus ou moins de célé-

rité. » Séance du 9 vendémiaire an 11.

106. « Le tuteur, même le père ou la mère, ne peut emprunter pour le mineur, ni aliéner, ni hypothéquer ses biens immeubles sans y être autorisé par un conseil de famille. Cette autorisation ne doit être accordée que pour cause de nécessité absolue ou d'avantage évident. Dans le premier cas le conseil de famille n'accorde son autorisation qu'après qu'il aura été constaté, par un compte sommaire fourni par le tuteur, que les deniers, effets mobiliers et revenus du mineur sont insuffisans. Le conseil indique dans tous les cas les immeubles qui doivent être vendus de préférence, et toutes les conditions qu'il juge utiles dans l'intérêt du mineur. » C. civ., 457.

Ces formalités sont réputées de rigueur, et leur inobservation ou violation emporte nullité. La cour de cassation décide même que les tribunaux, soit à raison de la modicité des objets, soit par mesure d'équité ou d'intérêts des mineurs, ne peuvent dispenser de leur observation. Au reste les délibérations dont il s'agit ne doivent être exécutées que lorsqu'elles sont homologuées par le tribunal de première instance, sur les conclusions du procureur du roi. *Ibid.*, 458.

107. Un conseil de famille composé de l'aïeul paternel et maternel et des plus proches parens du mineur ne peut pas autoriser le tuteur à jouir des biens et effets mobiliers du mineur en le dispensant de rendre compte, surtout si des deux aïeuls, l'un est tuteur et l'autre subrogé-tuteur. Le conseil de famille ne peut en effet, en aucun cas, étendre la disposition de la loi et créer un droit qu'elle n'a pas créé.

Les auteurs s'accordent à penser que la dispense de rendre compte, émanât-elle du père ou de la mère en faveur du tuteur datif, ne serait pas valable, et qu'elle devrait être réputée sans effet comme contraire à la loi, en ce qu'elle attaquerait l'essence même de la tutelle, et comme incompatible avec l'idée d'un comptable. Rolland de Villargues, V° *Compte de tutelle*, n° 10.

A plus forte raison cette dispense ne pourrait être accordée par le conseil de famille; il est donc hors de doute que toute autorisation donnée au tuteur de jouir des biens et effets mobiliers du mineur, sans rendre compte, serait sans effet. ANNALES, vol. de 1834, p. 80.

108. Décidé par arrêt de la cour de cassation, en date du 20 juillet 1842, qu'un conseil de famille réuni pour la nomination d'un tuteur à un interdit peut imposer au tuteur l'obligation de n'agir qu'avec le concours du subrogé-tuteur pour toucher et placer les capitaux, alors surtout que ce tuteur ne possède point d'immeubles. ANNALES, vol. de 1842, p. 256 et 257.

Une pareille délibération du conseil de famille est très sage, elle n'a rien de contraire à la législation sur la tutelle; car cette prévoyance d'imposer au tuteur qui, dans l'espèce, avait accepté du reste de ne placer les capitaux qu'avec le concours du subrogé-tuteur, est une sollicitude qui mérite approbation, et qui rentre tout à fait dans l'esprit éminemment conservateur des biens du pupille.

Jugé encore en ce sens que le conseil de famille, en accordant l'autorisation de vendre les biens du mineur pour le paiement des dettes, peut imposer au tuteur, qui, d'ailleurs, dépourvu de tous biens, ne présente aucune garantie réelle, l'obligation de laisser entre les mains de l'acquéreur l'excédant des sommes nécessaires pour l'extinction des dettes, ou d'en effectuer le placement sur des biens libres et francs d'hypothèques. Toulouse, 5 mai 1838; ANNALES, vol. de 1838, p. 268.

109. « Le tuteur ne pourra accepter ni répudier une succession échue au mineur, sans une autorisation préalable du conseil de famille. L'acceptation n'aura lieu que sous bénéfice d'inventaire. » C. civ., 461; c. proc., 776, 784 et 997.

Doit-on admettre dans ce conseil des personnes qui ont intérêt à ce que le mineur accepte ou répudie la succession? M. Locré décide la négative par induction de l'art. 442. Nous le pensons ainsi et nous ajoutons que l'intérêt personnel est une cause de récusation contre les juges, les experts, les arbitres et les témoins.

110. « Dans le cas où la succession répudiée au nom du mineur n'aurait pas été acceptée par une autre personne, elle pourra être reprise soit par le tuteur, autorisé à cet effet par une nouvelle délibération du conseil de famille, soit par le mineur devenu majeur, mais dans l'état où elle se trouvera lors de la reprise, et sans pouvoir attaquer les ventes et autres actes qui auraient été légalement faits durant la vacance. » C. civ., 462.

111. « La donation faite au mineur ne pourra être acceptée qu'avec l'autorisation du conseil de famille ; elle aura, à l'égard du mineur, le même effet qu'à l'égard du majeur. » *Ibid.*, 463.

Pour que le tuteur puisse valablement accepter une donation faite au mineur, l'autorisation du conseil lui est nécessaire, parceque cette donation peut soumettre le donataire à des conditions onéreuses. La disposition de l'art. 463, c. civ., reçoit cependant deux exceptions : 1° le mineur émancipé, assisté de son curateur, accepte une donation sans autorisation de la famille ; 2° cette acceptation peut aussi être faite pour un mineur, émancipé ou non, par son père, ou sa mère, ou ses ascendans. *Ibid.*, 935.

112. Le défaut d'autorisation est-il une cause de nullité de la donation ? On peut le croire ainsi d'après les termes formels de la loi. Néanmoins on décide que cette nullité n'est que relative, c'est à dire proposable par le mineur seul.

113. « Aucun tuteur ne peut introduire en justice une action relative aux droits immobiliers du mineur ni acquiescer à une demande relative aux mêmes droits sans l'autorisation du conseil de famille. C. civ., art. 464.

La jurisprudence interprète cette disposition en ce sens qu'elle n'est établie que dans l'intérêt du mineur, lequel par conséquent pourrait seul se plaindre de son inobservation ; d'où il suit que si le tuteur, sans y être autorisé, a formé une demande en restitution d'immeubles ou de droits réels, les parties attaquées par le tuteur sont non recevables à se pourvoir du défaut d'autorisation. La cour de cassation l'a ainsi jugé le 11 déc. 1810, 24 août 1813, 4 juin 1818, 19 janvier 1841 ; ANNALES, vol. de 1841, p. 157 ; D. P., 11-1-28, 13-1-532, 19-1-540.

114. Le conseil de famille autorise le tuteur à transiger, au nom du mineur, sur des contestations et des droits litigieux ; mais cette autorisation ne se donne que sur le vu d'une consultation favorable de trois avocats désignés par le procureur du roi. La transaction qui s'ensuit n'est valable qu'autant qu'elle est homologuée. C. civ., 467.

Toutes les contestations relatives au mineur ne sont pas susceptibles de transaction ; il faut en excepter les questions d'état et autres, sur lesquelles la loi ne permet pas de compromettre ni de transiger. C. de proc., 1004.

Si les formalités prescrites par l'art. 467 ne sont pas observées, la transaction est-elle nulle? L'affirmative n'est pas douteuse, selon nous, parceque la disposition de la loi est à la fois impérative et prohibitive. Les mots *ne pourra transiger* ôtent tout droit, tout pouvoir d'agir en sens contraire de la prohibition. Cass., 24 août 1819; D. Alph., 12-750.

115. Le conseil de famille est appelé à délibérer sur l'utilité ou la nécessité de vendre les rentes dues par l'état, dont un mineur est propriétaire, et à donner son autorisation au tuteur pour en effectuer la vente. L. 24 mars 1806.

Néanmoins, s'il ne s'agissait que de rentes de 50 francs et au dessous, le tuteur pourrait, lui seul, en faire le transport. *Ibid.*, art. 2.

116. Le tuteur qui a des sujets de mécontentement graves sur la conduite du mineur peut porter ses plaintes au conseil de famille, lequel a le droit de l'autoriser à provoquer la réclusion du mineur, conformément à ce qui est statué au titre *De la Puissance paternelle.* (C. civ., 468.) — V. les dispositions des art. 376, 377 et suiv.

Cette disposition ne s'applique point aux père et mère, qui peuvent agir en vertu de leur puissance paternelle.

Quant aux attributions des conseils de famille en ce qui concerne l'émancipation et l'interdiction, voir les deux chapitres suivans.

CHAPITRE VI.

De l'Émancipation. — De ses formes. — De ses effets et de la révocation de l'émancipation.

117. L'émancipation est l'acte par lequel un mineur sort de la tutelle, est dégagé de la puissance paternelle, et acquiert avant sa majorité le droit de se gouverner lui-même, ainsi que d'administrer librement ses biens dans certaines limites posées par la loi.

118. Il y a deux sortes d'émancipation ; l émancipation légale ou tacite et l'émancipation volontaire ou expresse. La première, aux termes de l'art. 476, s'opère de plein droit par le mariage ; et l'émancipation volontaire ou expresse est réglée par les dispositions des art. 477 et 478 du code civil.

119. Le mineur, même non marié, peut être émancipé par son père, ou, à défaut de père, par sa mère, lorsqu'il a atteint l'âge de quinze ans révolus. Cette émancipation s'opère par la seule déclaration du père ou de la mère, reçue par le juge de paix assisté du greffier de la justice de paix. C. civ., 477.

120. Le conseil de famille est étranger à cette émancipation ; mais comme le mineur ne peut faire seul tous les actes qui y sont attachés, ni demander son compte de tutelle sans être assisté d'un curateur, c'est le conseil de famille qui nomme ce curateur immédiatement après l'émancipation, et le plus souvent par le même acte, à la suite de la déclaration paternelle.

121. On a demandé si par ces mots *à défaut de père* il fallait entendre non seulement le cas où le père n'existait plus, mais encore le cas où il serait dans l'impossibilité de manifester sa volonté par suite d'absence ou d'interdiction. Quelques auteurs ont adopté l'affirmative en se fondant surtout sur ce que, dans ces derniers cas, la mère pouvait consentir au mariage; mais cette décision a été fortement critiquée par ces raisons surtout qu'il est bien plus à craindre qu'une mère accorde, avec légèreté, son consentement à un acte sur les conséquences duquel il est facile de l'abuser, qu'à un mariage qui d'ailleurs, pour les enfans du sexe masculin auxquels l'émancipation s'applique le plus habituellement, ne peut avoir lieu avant l'âge de dix-huit ans, et que rien n'autorise, dans les cas dont nous parlons, à enlever, ainsi que le ferait l'émancipation, aux mères la jouissance du revenu de leurs enfans. Cette dernière assertion nous paraît plus rationnelle que la première.

122. Le droit d'émancipation dérive de

la puissance paternelle, et de là il suit qu'elle peut être accordée, 1° par la mère remariée et qui n'a pas conservé la tutelle; 2° par le père dispensé, exclu ou même destitué de la tutelle; 3° par la mère remariée à l'égard des enfans de son premier lit, sans qu'elle ait besoin de l'autorisation de son second mari; 4° par le père ou par la mère d'un enfant naturel.

L'enfant admis dans un hospice peut, quand il a quinze ans révolus, être émancipé par le membre de la commission qui a été désigné tuteur. Loi du 15 pluviôse an 8, art. 4.

123. Lorsque le mineur est âgé de dix-huit ans et n'a ni père ni mère, c'est à son conseil de famille qu'il appartient de l'émanciper, s'il l'en juge capable. « En ce cas, dit la loi, l'émancipation résultera de la délibération qui l'aura autorisée, et de la déclaration que le juge de paix, comme président du conseil de famille, aura faite dans le même acte, que le mineur est émancipé. » C. civ., 478.

124. Si le conseil de famille qui a con-

féré l'émancipation n'était pas régulièrement composé, le tuteur pourrait demander que l'émancipation fût annulée, encore
qu'il y aurait assisté. Cass., 4 janv. 1811.

Quand les parens refusent de conférer
l'émancipation, ils ne sont point obligés
de motiver leur avis, surtout si ces motifs
pouvaient dévoiler l'inconduite du mineur
ou des secrets de famille.

125. Lorsque le tuteur n'aura fait aucune diligence pour l'émancipation du mineur dont il est parlé dans l'art. 478, c.
civ., et qu'un ou plusieurs parens ou alliés
de ce mineur, au degré de cousin-germain
ou à des degrés plus proches, le jugeront
capable d'être émancipé, ils pourront requérir le juge de paix de convoquer le
conseil de famille, pour délibérer à ce
sujet. Le juge doit déférer à cette réquisition. C. civ., 479.

126. Le juge de paix ne peut se refuser à
la réquisition qui lui serait faite, ainsi que
nous venons de le dire, par l'un des parens
ou alliés du mineur; mais il ne pourrait
pas provoquer d'office la réunion du con-

seil de famille, comme dans les cas prévus par les art. 406, 421 et 446; car, en matière d'émancipation, il procède comme juge, et il ne doit pas sortir de ce rôle dans une affaire qui intéresse aussi gravement le repos des familles. D'ailleurs si la loi avait voulu conférer ce droit au juge de paix, elle s'en expliquerait. Duranton, n° 661; Magnin, n° 749.

127. L'émancipation serait valablement faite par un mandataire; quelques auteurs veulent que dans ce cas la procuration soit spéciale et authentique; nous ne voyons aucune raison sérieuse d'annuler celle qui aurait eu lieu en vertu d'un mandat sous seing privé.

128. Mais lorsque les parens ou le tuteur refusent de proposer l'émancipation, pourrait-il lui-même s'adresser au juge de paix et provoquer la réunion du conseil de famille pour délibérer sur sa demande?

Deux opinions incompatibles, le *oui* et le *non*, adopté par les jurisconsultes, n'ont pas peu contribué à faire naître des doutes sérieux, à placer les maîtres de la science

dans un étrange embarras. Le droit de requérir la convocation du conseil de famille,
dit-on, pour délibérer sur l'émancipation,
n'est donné qu'aux parens; d'ailleurs le
mineur n'a point la capacité d'agir sans
son tuteur. Delvincourt, p. 130, n° 6; Duranton, n° 662.

Nous ne pouvons adopter cet étrange
système, et comment est-il possible, en
pareil cas, de priver le mineur du droit de
faire délibérer sur une chose qui l'intéresse à un si haut degré? Quels seraient
d'ailleurs les inconvéniens de cette réquisition? Le mineur ne juge pas; il se borne
à soumettre la question au conseil. (Voir
Toull., n° 1290; Proudhon, t. 2, p. 253, et
Magnin, n° 751.)M. Proudhon, *loco citato*,
dont l'opinion est conforme à la nôtre, s'exprime ainsi: « Le vœu de la loi est que le
mineur obtienne l'émancipation, si elle est
jugée utile pour lui; on ne peut donc supposer qu'il lui soit défendu de la demander,
et que le juge de paix doive lui refuser la
convocation du conseil pour en délibérer,
surtout si des parens éloignés ou insou

cians négligeaient de lui procurer cet avantage. »

Pour soutenir la dispense de cette autorisation, on dit que les articles 483 et 484 du code, qui défendent au mineur émancipé de faire des emprunts et d'aliéner ses immeubles, ne renferment pas la même prohibition sur la constitution d'hypothèque, puisqu'il n'en font aucune mention ; que si le législateur avait voulu l'assimiler sur ce point au mineur non émancipé, il se serait exprimé comme il l'a fait à l'égard de celui-ci dans l'art. 457, où la constitution d'hypothèque est expressément assujétie à des formes sans lesquelles on ne peut la consentir sur les biens du mineur ; que vainement on eût refusé au mineur émancipé la faculté de créer des hypothèques conventionnelles, par les actes dans lesquels on lui permettrait de s'obliger, parceque quiconque s'est valablement obligé est tenu de remplir ses engagemens sur ses biens tant immobiliers que mobiliers (c. civ. 2092) ; que les obligations du mineur étant valables, autoriseraient toujours les créanciers à requérir des condamnations qui leur donneraient l'hypothèque judiciaire ; que, pour garantir ses immeubles, le législateur a dû s'attacher à limiter en lui la faculté de s'obliger, et non pas celle de donner des sûretés à des créanciers de bonne foi ; qu'autrement ce serait nuire au mineur en détournant de contracter avec lui, ou être injuste envers le créancier légitime à qui l'on refuserait des sûretés suffisantes.

Nous répondrons à ces argumentations avec M. Proudhon, que la loi qui défend au mineur émancipé tous actes autres que ceux de pure administration, sans observer les formes prescrites au mineur non émancipé (c. civ. 484), lui interdit par là même le pouvoir de consentir aucune hypothèque conventionnelle sur ses immeubles, parceque la constitution d'hypothèque, renfermant un principe d'aliénation, n'est et n'a jamais été considérée comme un acte de pure administration ; qu'elle en est tellement distinguée par le code, qu'il l'a assujétie à des formes rigoureuses à l'égard des mineurs ; qu'en conséquence, c'est à l'observation de ces formes que renvoie l'art. 484 ; que s'il ne parle pas nominativement de la constitution d'hypothèque pour la défendre , il ne la prohibe pas moins expressément, puisqu'il interdit tous actes qui ne sont pas de pure administration ; que l'entendre autrement, ce serait supposer que le mineur émancipé peut seul accepter une succession, recevoir une donation entre-vifs, provoquer un partage et transiger, parceque le même article ne parle pas plus de ces divers objets que de la constitution d'hypothèque ; que l'argument tiré de ce que le créancier légitime pourrait également requérir une condamnation qui lui donnerait une hypothèque judiciaire , ne prouve rien, parcequ'il prouverait trop, car il en résulterait que le tuteur serait maître d'hypothéquer les biens de son pupille, par la même raison que les condamnations prononcées contre lui , en cette qualité, donneraient également au créancier une hypothèque judiciaire sur les biens du mineur; que la loi ayant resserré dans des bornes très étroites les pouvoirs du mineur émancipé, les créanciers ont une sûreté en traitant avec lui, sans leur donner des hypothèques qu'il n'est pas d'usage d'accorder pour des objets de peu de conséquence.

129. Le mineur émancipé ne peut faire d'emprunt, sous aucun prétexte, sans une délibération du conseil de famille, homologuée par le tribunal de première instance, après avoir entendu le procureur du roi. C. civ. 483.

130. Aux termes des art. 2 et 3 du code de commerce, le mineur émancipé ne peut, sans le consentement préalable de son conseil de famille, faire aucun acte de commerce. La délibération du conseil doit être enregistrée et affichée au greffe du tribunal de commerce. Il y a lieu d'obtenir aussi le consentement du conseil, lorsque le mineur, sans être marchand ou négociant, veut seulement avoir la capacité de contracter, à raison de certains actes de commerce.

131. Quand le conseil de famille autorise le mineur à faire un emprunt, il n'est point limité par les deux circonstances exprimées en l'art. 457, c'est à dire au cas de *nécessité absolue* ou à celui *d'avantage évident;* il peut encore autoriser l'emprunt dans tous les cas où il paraît devoir tourner au profit du mineur, comme pour faire des acquisitions de biens, ou des spéculations avantageuses, ou des réparations ou améliorations urgentes. Locré, p. 353, t. 6; Toullier, n° 1298.

132. L'autorisation du conseil de famille est nécessaire au mineur émancipé pour les actes qui ne sont pas de pure administration: pour accepter ou répudier une succession, par exemple; pour céder ses droits, même dans une succession mobilière, parceque cette cession emporte acceptation, et pour emprunter. Toullier, t. 2, n° 1296.

Cette autorisation lui est indispensable pour hypothéquer des biens, alors même qu'il ne s'agirait que d'emprunts faits dans les limites de son administration. Proudhon, *Droit franc.*, t. 2, p. 259, et suivant, Grenier, *Hypothèque*, n° 37.

133. Cette autorisation lui est encore nécessaire pour aliéner des immeubles ou des choses ayant le caractère d'immeubles, telle qu'une futaie, quoiqu'elle devienne muable par la vente ; pour se désister d'une action immobilière ou y acquiescer ; pour transférer une rente sur l'état ou une action de banque au-dessus de 50 fr. V. ci-dessus n° 115.

134. Tout mineur émancipé, dont les engagemens auraient été réduits par les tribunaux, pourra être privé du bénéfice de l'émancipation, laquelle lui sera retirée en suivant les mêmes formes que celles qui auront lieu pour la conférer. (C. civ. 485.

Ainsi, dans ce cas, il faut, pour le mineur qui n'a ni père ni mère, et qui a été émancipé par son conseil de famille, convoquer ce même conseil pour délibérer s'il y a lieu de lui retirer la tutelle et pour lui nommer un nouveau tuteur.

135. La règle ci-dessus ne s'applique

cependant point au mineur émancipé par mariage, qui ne rentre jamais en tutelle, quoi qu'en dise Delvincourt. Cette émancipation diffère essentiellement de l'autre; elle constitue le nouvel état du mineur remarié, état qui lui est acquis indépendamment de la puissance paternelle et de l'autorité du conseil de famille. Notre opinion est conforme à celle de Locré, de Toullier, de Proudhon et de Carré.

136. Ainsi que nous venons de le dire ci-dessus, l'émancipation fait cesser l'administration légale et la puissance paternelle, sauf pour le mariage et l'enrôlement avant dix-huit ans; cependant, quoiqu'elle donne au mineur l'administration de ses biens, elle ne le relève pas de toute incapacité; elle le place dans un état mixte entre la majorité et la minorité; par conséquent il peut faire seul certains actes, mais pour d'autres il doit être assisté d'un curateur, et quelques autres lui sont complétement interdits; toutefois, en sa qualité d'administrateur, le mineur émancipé prend en quelque sorte le même rôle que

le tuteur exerçait à son égard, en ce sens qu'il agit toujours par lui-même, en nom direct, quoique assisté en certains cas d'un curateur; c'est pourquoi l'émancipé doit être actionné en son nom personnel, et son curateur ne doit l'être que pour assister.

137. Aussi a-t-on décidé qu'un individu qui s'est borné à signifier au curateur d'un mineur l'arrêt de l'admission de son pourvoi pour une contestation de succession, doit être déclaré déchu. Cass., 24 juin 1809; Sirey, 10-1-40.

138. Le mineur émancipé peut faire seul les actes qui ne sont pas de pure administration, traiter pour les réparations, faire des baux qui n'excèdent pas une période de neuf années, aliéner les coupes ordinaires réputées fruits, compromettre et transiger sur ces objets; mais il ne pourrait valablement donner quittance de loyers payés par anticipation, à moins toutefois que ce paiement ne fût conforme à l'usage des lieux; un tel paiement a l'air d'un emprunt; et le mineur qui reçoit

ainsi fait en général un acte de mauvaise administration. C. civ., 481 et suiv.; cass., 12 juin 1821; Dall., 12-780; Toullier, t. 2, n° 1296.

139. Mais il peut contracter dans les limites de son administration autrement que par voie d'emprunt, par voie d'achat, de vente, de location, par exemple; et une acquisition faite par lui ne pourrait être annulée, même sur sa demande, qu'autant qu'il prouverait avoir éprouvé une lésion; mais il ne pourrait donner à titre gratuit.

140. La cour de Caen a même décidé que le mineur émancipé, autorisé à faire le commerce, peut contracter une société commerciale avec un tiers. Caen, 11 août 1828; Dall., 31-8-49.

141. Cependant il ne faut pas oublier que s'il y avait excès, erreur grave, les tribunaux, prenant en considération la fortune du mineur, la bonne ou mauvaise foi des personnes qui auraient contracté avec lui, pourraient réduire les actes ou restituer le mineur pour lésion.

142. L'assistance du curateur lui est né-

cessaire pour recevoir le compte de tutelle,
(c. civ. 480.) et donner décharge d'un
capital mobilier, car le curateur doit, aux
termes de la loi, surveiller l'emploi de ces
capitaux. Cette surveillance serait impossible au curateur si le mineur pouvait en-
caisser ce capital sans l'assistance de son
curateur. Toull., n° 1297; Duranton, n°
679 ; Dalloz, 12-780, n° 5. Pour ce qui
concerne le curateur voir ci-après chap. 12.

CHAPITRE VII.

*De l'interdiction. — Personnes qui peuvent être
interdites. — Par qui l'interdiction peut être
provoquée. — De l'administration de la personne et des biens de l'interdit. — Des actes
passés par l'interdit avant ou après son interdiction. — De la main-levée de l'interdiction.*

143. L'interdiction est l'état d'un indi-

vidu qui est frappé d'une certaine incapacité, qui le prive de la gestion ou disposition de ses biens, et quelquefois de la liberté de sa personne.

§ 1er. *Des personnes qui peuvent être interdites.*

144. Le majeur qui est dans un état habituel d'imbécillité, de démence ou de fureur doit être interdit, même lorsque cet état présente des intervalles lucides. C. civ., 489.

De ce que la loi porte que le majeur en démence peut être interdit, il ne s'ensuit pas que le mineur ne puisse pas l'être. Delvincourt, t. 1, p. 319; Pigeau, *Proc. civ.*, t. 2, p. 484; Toullier, t. 2, n° 1314; Duranton, t. 3, n° 716; Proudhon, *Droit franç.*, t. 2, p. 313.

Il peut l'être alors surtout qu'il est dans un état habituel de fureur. Metz, 30 août 1823; Sirey, 25-2-315.

Jugé encore que l'état de minorité ne fait pas obstacle à l'interdiction lorsqu'elle est poursuivie pour cause de fureur, à la requête du ministère public, aux fins d'obvier aux événemens dont le furieux en liberté pourrait devenir l'auteur. Dijon, 24 avril 1830; Sirey, 30-2-218.

145. Le sourd-muet qui donne des marques d'intelligence, bien qu'il ne sache ni lire ni écrire, ne doit pas être interdit; il suffit de le pourvoir d'un conseil judiciaire. Lyon, 14 janvier 1812; D. P., t. 9, p. 530; Rouen, 18 mai 1842; ANNALES, vol. de 1842, p. 314.

146. La disposition du droit romain qui ordonnait l'interdiction de plein droit des sourds-muets est inapplicable au droit actuel; car l'art. 489 du code civil ne permettant l'interdiction que pour fureur, démence ou imbécillité, il est clair que même le sourd-muet de naissance ne pourrait être interdit qu'autant que, par l'effet de la privation des organes de l'ouïe et de la parole, il se trouverait réduit à la condition d'un imbécile. Magnin, *Des Minorités*, t. 1er, p. 454.

§ 2. *Par qui l'interdiction peut être provoquée.*

147. Tout parent est recevable à provoquer l'interdiction de son parent; il en est de même de l'un des époux à l'égard de l'autre. C. civ., 490.

L'expression *tout parent* exclut-elle les alliés ? L'affirmative est enseignée par Proudhon, *Droit franç.*, t. 2, p. 315; Toullier, t. 2, n° 1317, et Duranton, t. 3, p. 674. Elle a été aussi consacrée par la jurisprudence, et notamment par un arrêt de la cour de Paris du 23 mai 1835 (Sirey, 35-2-342), qui juge que le beau-père n'a pas qualité pour provoquer l'interdiction de son gendre (D. P., 35-2-116), et réciproquement que le gendre ne pouvait point provoquer l'interdiction de son beau-père. Metz, 14 déc. 1824 (*Journ. du Pal.*, t. 18, p. 1223). Cependant la cour de Bruxelles avait jugé, par arrêt des 15 mai 1807 et 3 août 1808, que le tuteur pouvait, en cette qualité, et bien qu'il ne fût pas lui-même parent, provoquer, au nom de ses mineurs, une interdiction que ceux-ci auraient le droit de provoquer s'ils étaient majeurs. Ces dernières décisions nous paraissent plus justes; car si le gendre n'est pas compris, dans les termes de l'art. 490, c. civ., au nombre des personnes auxquelles est ouverte l'action en interdiction, on ne saurait, sans méconnaître manifestement le vide de la loi, lui dénier, en qualité de père et d'administrateur légal des biens de ses enfans, le droit de provoquer dans leur intérêt l'interdiction de son beau-père.

148. Si l'époux, le père et la majorité des parens s'opposent à la demande en interdiction; si les circonstances établissent d'ailleurs que cette mesure est inutile dans l'intérêt de la personne en démence, elle doit être rejetée. Besançon, 4 pluv. an 13; D. P., t. 9, p. 532.

149. La femme a le droit de provoquer l'interdiction de son mari sans avoir besoin d'une autorisation préalable et expresse du tribunal. Les formalités qu'elle est obligée de suivre en ce cas renferment vérita-

blement cette autorisation. Toulouse, 8 février 1823.

150. Toutefois elle n'est pas tenue de provoquer l'interdiction, de telle sorte qu'elle n'est responsable ni civilement ni correctionnellement du dommage causé par son mari en état de démence. Cass., 26 juin 1806; D. P., t. 9, p. 534.

151. Dans le cas de fureur, si l'interdiction n'est provoquée ni par l'époux, ni par les parens, elle doit l'être par le procureur du roi, qui, dans le cas d'imbécillité ou de démence, peut aussi la provoquer contre un individu qui n'a ni épouse, ni parens connus. C. civ., 491.

152. La demande en interdiction d'un individu doit être portée devant le tribunal de son domicile, comme constituant une action essentiellement personnelle. Cass., 23 juillet 1840; D. P., 40-1-330.

153. Jugé qu'il n'est pas nécessaire à peine de nullité que le conseil de famille, appelé par la loi à donner son avis sur l'état de la personne à interdire, se réunisse sous la présidence du juge de paix, et que

ce conseil peut délibérer valablement devant le président du tribunal. Paris, 15 mai 1813; D. P., 2-523; Aix, 19 mars 1835; ANNALES, vol. de 1835, n° 767, ; Delvincourt, t. 1ᵉʳ, p. 323.

154. Ceux qui ont provoqué l'interdiction ne peuvent faire partie du conseil de famille. Cependant l'époux ou l'épouse et les enfans de la personne dont l'interdiction est provoquée peuvent y être admis sans y avoir voix délibérative. C. civ. 495.

155. Lorsque le jugement d'interdiction est prononcé, s'il n'y a pas d'appel ou s'il est confirmé sur l'appel, il sera pourvu à la nomination d'un tuteur et d'un subrogé-tuteur à l'interdit, suivant les règles prescrites au titre de la minorité, de la tutelle et de l'émancipation. L'administrateur provisoire cessera ses fonctions et rendra compte au tuteur s'il ne l'est pas lui-même. C. civ. 505.

156. Il suit du texte de l'art. 505 du c. civ. que, s'il y a appel du jugement d'interdiction, la nomination d'un tuteur ou subrogé-

tuteur ne peut avoir lieu avant la signification du jugement.

Mais elle serait valable après l'expiration du délai de huitaine ; toutefois cette nomination serait conditionnelle et subordonnée au sort de l'appel. (C. civ, 444, 449 et 450.) La délibération du conseil de famille, postérieure à l'appel, ne produirait aucun effet alors même que le jugement serait confirmé. (Boileux, *sur l'art.* 405.) Notre opinion est soutenue par MM. Duranton, n° 749; Toullier, n° 1335; Prudhon, p. 332; Magnin, n° 681 ; Merlin, *Rép.* v° *Interd.*, § 5, n° 3, et elle est confirmée par un arrêt de la cour de cassation, du 13 octobre 1807; Sirey, 7-1-473.

§ 3. *De l'administration de la personne et des biens de l'interdit.*

157. La personne et les biens de l'interdit sont administrés par un tuteur nommé suivant les règles prescrites par le code

civil, au titre de la minorité, de la tutelle et de l'émancipation. C. civ. 505.

Cette nomination ne peut avoir lieu qu'après que le jugement d'interdiction a acquis l'autorité de la chose jugée par sa signification à la personne interdite. Cass. 13 oct. 1807; Sirey, 7-1-473.

158. Si l'interdit est mineur, il n'est pas besoin de nomination d'un tuteur par le conseil de famille pour le temps qui reste à courir jusqu'à l'époque de la majorité; mais à cette époque la nomination doit avoir lieu, attendu que le tuteur du mineur ne s'est engagé que pour le temps de la minorité.

159. Aux termes de l'art. 505 du code civil, le premier soin du tuteur, dès qu'il entre en fonction, est de faire rendre compte à l'administrateur provisoire, s'il en a été nommé un en conformité de l'art. 497, c. civ.

160. Le mari est de droit le tuteur de sa femme interdite. *Ibid.* 506.

161 La femme pourra être nommée tutrice de son mari. En ce cas le conseil de

famille réglera la forme et les conditions de l'administration, sauf le recours devant les tribunaux, de la part de la femme qui se croirait lesée par l'arrêté de la famille. *Ibid.* 507.

162. La femme dont le mari est interdit devient de plein droit tutrice provisoire de ses enfans, Paris, 7 janv. 1815; Sirey, 15-2-76.

163. La question s'est présentée de savoir si la femme qui n'a pas été nommée tutrice de son mari interdit peut réclamer l'administration des biens de la communauté, ou bien si cette administration appartient au tuteur. Un arrêt de la cour d'Orléans du 9 août 1817 (Sirey, 17-2-422) l'a jugée dans ce dernier sens, contrairement à un arrêt de la cour de Bruxelles, du 11 flor. an 13. La doctrine de la cour d'Orléans nous paraît préférable. Toutefois les inconvéniens qu'il peut y avoir pour la femme de voir régir par un étranger des biens qui sont sa propriété, aussi bien que celle de son mari, doivent être pour les conseils de famille un motif puissant de ne

'écarter de la tutelle de son mari interdit
que dans des circonstances graves.

Au surplus, que la femme ait été ou non
appelée à la tutelle de son mari interdit,
elle n'en conserve pas moins le droit de
surveiller et de faire élever ses enfans. Ce
droit ne passe pas au tuteur nommé. Arg.
de l'art. 151 du c. civ.; cass. 27 nov. 1816;
D. P., t. 9, p. 547.

164. L'interdit est assimilé au mineur
pour sa personne et pour ses biens : les
lois sur la tutelle des mineurs s'appliquent
donc à la tutelle des interdits. C. civ. 509.

165. Cependant il a été jugée qu'en matière d'interdiction la tutelle est dative, et
ne doit pas nécessairement être conférée
au père de l'interdit, à la différence du cas
de minorité (Poitiers, 23 fév. 1825; Sirey,
25-2-323.) En effet nulle part le code ne
reconnaît une tutelle légale à l'interdit,
tellement que c'est toujours le conseil de
famille qui lui nomme un tuteur, encore
qu'il ait son père ou sa mère. C'est également l'opinion de MM. Locré, t. 5, p. 364
et Toullier, t. 2, p. 740.

Jugé d'après les mêmes principes, qu'un père ne peut dans un testament nommer un tuteur à son fils majeur interdit. Cass. 11 mars 1812; D. P., t. 9, p. 544.

166. De ce que l'interdit est assimilé au mineur pour l'administration de ses biens, il s'ensuit que son tuteur ne peut aliéner les biens lui appartenant, soit par vente, soit par forme de transaction, sans recourir à l'autorisation préalable. C. civ., 457 et 467.

Ceci s'applique même au cas où la femme est tutrice; car la puissance maritale n'a pas cessé par l'état d'interdiction.

Ainsi, si la femme d'un interdit veut aliéner ses propres, il lui faut une autorisation de justice; quant à l'aliénation des biens du mari, elle ne peut y parvenir qu'en accomplissant les formalités prescrites pour l'aliénation des biens du mineur. *Ibid.*, c. civ., 457, 509 et suiv.

167. La disposition de l'art. 509 du code civil qui assimile l'interdit au mineur nous paraît beaucoup trop absolue. Il y a bien du rapport entre ces deux dispositions,

mais il y a aussi de notables différences, et l'incapacité de l'interdit est plus étendue que celle du mineur.

Ainsi tous les actes que l'interdit a passés depuis le jugement sont nuls de droit; il suffit pour en détruire l'effet de représenter le jugement d'interdiction (c. civ. 502); le mineur doit prouver qu'il a été lésé (*Ib.*, 1305); l'interdit ne peut contracter mariage ni faire de testament (*Ib.*, 174, 901); le mineur parvenu à un certain âge peut se marier et valablement tester (*Ib.*, 904); l'interdit ne peut être tuteur ni membre d'un conseil de famille (*Ib.*, 442); le mineur est de droit tuteur de ses enfans. Le mineur peut à l'âge de dix-huit ans entreprendre un commerce en remplissant certaines formalités; l'interdit n'a pas cette aptitude. Les revenus du mineur sont capitalisés afin de lui procurer une somme lorsqu'il parviendra à sa majorité; ceux de l'interdit sont exclusivement employés à adoucir son sort et à accélérer sa guérison. Enfin le mineur est tenu à raison de ses délits et quasi-délits, ce qu'on ne peut dire de l'interdit.

168. En cas de mariage d'un enfant de l'interdit, la dot ou l'avancement d'hoirie et autres conventions matrimoniales se règlent par avis du conseil de famille, homologué par le tribunal sur les conclusions du procureur du roi. C. civ. 511.

169. La vente d'un immeuble appartenant à un interdit peut être autorisée pour l'établissement de l'un de ses enfans autrement que par le mariage; par exemple, pour l'acquisition d'une étude de notaire, lorsqu'il résulte des circonstances qu'elle doit être avantageuse à l'enfant. Amiens, 6 août 1824; D. P., t. 1, p. 552.

170. L'individu frappé d'interdiction légale par une condamnation judiciaire est, de même que l'interdit pour démence, incapable de contracter. Ainsi ses créanciers peuvent faire annuler, pour incapacité de vendre, la cession qu'il a consentie d'actions dans une société, soit depuis qu'il est interdit, soit auparavant, si elle n'a acquis une date certaine que depuis l'interdiction.

Cass., 25 janvier 1825; D. P., 25-1-147.

171. Dans le cas d'interdiction légale, aux termes de l'art. 39, c. pén., le curateur est obligé pour agir, de se faire autoriser. Bourges, 25 janv. 1832; D. P., 32-2-184.

172. Nul, à l'exception des époux, des ascendans et descendans d'un interdit, n'est tenu de conserver la tutelle au-delà de dix ans; à l'expiration de ce délai, le tuteur peut demander et doit obtenir son remplacement. C. civ. 508.

§ 4. *Des actes passés par l'interdit, soit depuis soit avant l'interdiction.*

173. Tous actes passés par l'interdit, postérieurement au jugement qui a prononcé son interdiction, sont nuls de plein droit. C. civ. 502.

174. Le jugement d'interdiction a effet du moment de sa prononciation et avant la signification à l'interdit; il importe même peu que l'interdit en ait interjeté appel si

le jugement est confirmé. Duranton, t. 3, p. 770.

175. A l'égard des tiers, les actes postérieurs au jugement d'interdiction ne sont nuls de droit que dans le cas où le jugement a été levé, signifié et inscrit dans les dix jours de sa prononciation. Cass. 26 juill. 1810; D. P., t. 9, p. 255.

Cette décision, contraire à l'opinion de Delvincourt (t. 1er, p. 329) et de Duranton (t. 3, p. 771), ne nous paraît pas devoir être adoptée, par le motif que les intérêts de l'interdit ne doivent pas rester à la merci du parent qui a fait prononcer l'interdiction, et que la loi charge de l'accomplissement des formalités voulues par l'art. 501.

176. La loi établit contre la validité des actes faits par l'interdit, postérieurement à l'interdiction, une présomption légale qui n'admet aucune preuve contraire. Duranton, t. 3, p. 767.

177. Est nul le mariage contracté par l'interdit. Delv., t. 1er, p. 114.

178. Cependant il a été jugé qu'il suffit

qu'un mariage auquel aucune opposition n'a été faite ne soit attaqué pour cause de démence qu'après le décès de l'époux, pour que cette attaque tardive doive être repoussée. Toulouse, 26 mars 1824 ; D. P., t. 10, p. 101, n° 1.

179. Les actes antérieurs à l'interdiction peuvent être annulés si la cause de l'interdiction existait notoirement à l'époque où ils ont été faits. C. civ., 503.

Ils peuvent l'être sans qu'il soit besoin de prononcer le dol ou la fraude de l'acquéreur ni la lésion au préjudice du vendeur. Cass., 15 nov. 1826 ; D. P., 27-1-48.

Il en serait de même à l'égard de l'acte passé à l'époque où la démence n'était pas notoire si elle était connue du tiers contractant ; seulement, et dans ce cas, c'est aux demandeurs en nullité à prouver cette connaissance du tiers. Delv., t. 1er, p. 327 ; Duranton, t. 3, n° 777.

180. Mais si le tiers avait été de bonne foi et s'il était reconnu que l'interdit avait des momens lucides, bien que la démence fût notoire, l'acte pourrait être maintenu.

Toullier, t. 2, n° 1358; Proudhon, t. 2, p. 529.

181. La nullité d'un acte pour cause de démence au temps où il a été passé peut être proposée par l'individu même qui prétend avoir été en démence, encore bien que son interdiction n'ait été ni provoquée ni prononcée; mais dans ce cas les preuves de la démence doivent être admises avec la plus grande circonspection. Lyon, 24 août 1831; D. P., 32-2-2.

182. Les actes faits par un individu ne peuvent être attaqués pour cause de démence après son décès qu'autant qu'il y a eu provocation ou prononciation de l'interdiction avant ce décès, à moins que la démence ne résulte de l'acte même qui est attaqué. C. civ. 504.

183. La date non certaine d'un acte sous seing privé souscrit par un individu qui depuis a été pourvu d'un conseil judiciaire ne peut être présumée frauduleuse et nulle de plein droit; c'est au souscripteur, à ses héritiers ou ayant-cause, à prouver la fausseté de cette date. Peu im-

porte que l'acte ait été souscrit après que la demande en dation d'un conseil judiciaire avait été formée. C. civ. 502 et 1322; Cass. 8 mars 1836 ; ANNALES, vol. de 1836, n° 722 et p. 188.

§ 5. *De la mainlevée de l'Interdiction.*

184. L'interdiction cesse avec les causes qui l'ont déterminée : néanmoins la mainlevée n'est prononcée qu'en observant les formalités prescrites pour parvenir à l'interdiction, et l'interdit ne peut reprendre l'exercice de ses droits qu'après le jugement de mainlevée. C. civ. 512.

185. L'interdit peut-il agir seul et sans l'assistance de son tuteur pour demander la levée du jugement d'interdiction? L'affirmation ne peut souffrir de difficultés sérieuses; il suffit que le tuteur soit mis en cause. Riom, 2 déc. 1830; D. P., 33-2-212.

Jugé dans ce sens que l'interdit est recevable à provoquer lui-même et sans l'assistance de son tuteur la mainlevée de son interdiction , alors surtout qu'il a pour tuteur et subrogé-tuteur des personnes successibles, intéressées par là-même à ce qu'il ne reprenne pas l'administration de ses biens. Bordeaux, 8 mars 1822; D. P. 23-2-9.

CHAPITRE VII.

De l'homologation et de l'exécution des délibérations du conseil de famille. — Procédure.

On entend par *homologation* l'approbation et l'autorisation accordée par un jugement à un acte qui en a besoin pour pouvoir être exécuté.

186. Plusieurs des actes résultant des délibérations du conseil de famille doivent être homologués pour recevoir leur exécution; mais plusieurs autres en sont dispensés.

Les premiers sont : 1° ceux qui sont pris en vertu des art. 457 et 458 du code civil, relativement aux ventes et aliénations des biens des mineurs ; 2° ceux qui ont lieu en vertu de l'art. 467 pour autoriser le tuteur à transiger pour son mineur ; 3° ceux qui prononcent la destitution d'un tuteur ou d'un subrogé-tuteur, mais seulement dans le cas où le destitué réclame contre la délibération ; 4° ceux qui autorisent un mineur émancipé à emprunter (*ibid.*, 483 et 484) ; 5° ceux qui établissent la dot, les avancemens d'hoirie et les stipulations du mariage d'un enfant d'un interdit (*ibid.*, 511) ; 6° enfin ceux qui autorisent, pour le compte d'un interdit, des emprunts, des aliénations, des transactions. *Ibid.*, 509.

Mais les nominations de tuteur et curateur, les autorisations pour accepter ou renoncer à une succession, les délibérations sur l'administration de la tutelle, sur les dispenses et exclusions de la tutelle et des conseils de famille ne sont point sujettes à homologation. Cass., 22 mars 1815.

187. Néanmoins la nomination d'un tu-

teur est dans le cas d'être soumise à l'homologation lorsqu'il refuse les fonctions que le conseil de famille lui a conférées. Dans ce cas, ou la nomination est faite en présence du tuteur, ou elle est faite en son absence. Au premier cas il doit sur-le-champ proposer ses excuses au conseil de famille, qui les approuve ou les rejette. Au second cas le tuteur doit, dans les trois jours de sa nomination, outre un jour par trois myriamètres de distance, convoquer le conseil de famille pour proposer ses excuses. Dans les deux cas, si les excuses sont rejetées, le tuteur peut se pourvoir contre la délibération : alors il forme sa demande contre les membres qui auront été d'avis de la délibération, sans qu'il soit nécessaire d'appeler en conciliation. Pour cet effet la loi dispose que toutes les fois que les délibérations de la famille ne seront pas unanimes, l'avis de chacun des membres qui la composent sera mentionné dans le procès-verbal, afin que le tuteur ou autre réclamant puisse connaître ceux qui ont été d'avis de la délibération ; mais on ne doit point appeler le juge de paix, de quelque manière qu'il ait voté, parce-qu'il n'a aucun intérêt dans les contesta-tions qui s'élèvent dans les affaires de fa-mille. Cass., 29 juillet 1812; J. P. A. D., p. 719.

Néanmoins, s'il y avait lieu à prise à partie contre ce magistrat, elle pourrait être exercée après en avoir obtenu l'auto-risation préalable. Voir code de proc., art. 505 et suiv., 509, 510 et suiv.

Ces sortes de contestations se jugent sommairement à l'audience, après les dé-lais de la citation échus, sans procédure ni formalités, sur les simples plaidoieries des parties; mais les jugemens qui intervien-nent sont sujets à appel. C. proc., 884 et 885.

188. Le tuteur, quel que soit l'événe-ment de la contestation, est obligé d'ad-ministrer jusqu'à son remplacement; mais doit-il supporter les dépens lorsque les excuses sont admises? L'art. 441, c. civ., dit que les parens qui auront été d'avis de rejeter ses excuses pourront être condam-

nés aux dépens de la contestation, ce qui n'est pas dire qu'ils le seront nécessairement; il y a au contraire ici une disposition facultative qui laisse au tribunal le droit de prononcer suivant les circonstances. « Il y a, disait l'orateur de la deuxième chambre législative, des circonstances où les parens ne font que leur devoir en rejetant une excuse qui n'est de nature à être appréciée que par les tribunaux; si par la suite cette excuse est prouvée ou reconnue admissible par les juges, ce n'est pas une raison de condamner aux frais les parens nominateurs. » D'où l'on peut conclure qu'ils ne doivent l'être qu'en cas de fraude ou d'erreur grossière. Tel est aussi l'avis de Duranton, de Locré et de Carré.

189. Les principes que nous venons d'énoncer sont communs à toutes les nominations de subrogé-tuteur et de curateur, qui peuvent être attaquées de la même manière que celle du tuteur. Ces principes sont aussi applicables à toutes les délibérations de famille qui ne sont pas prises à l'unanimité, parcequ'elles peuvent être

déférées aux tribunaux par tous ceux qui y ont concouru, même par ceux des parens qui n'y auraient pas été appelés et qui avaient vocation pour l'être, aux termes de la loi.

190. Mais revenons à l'homologation. Dans tous les cas où il s'agit d'une délibération assujettie à cette formalité, il doit être présenté, pour l'obtenir, au président du tribunal, une expédition de cet acte, sur laquelle il rend une ordonnance par laquelle il ordonne les communications au ministère public, et commet un juge pour en faire le rapport à un jour indiqué. Au bas de cette ordonnance le procureur du roi donne ses conclusions, et la minute du jugement qui intervient est mise à la suite des conclusions sur le même cahier. C. proc., 886.

Ce jugement est rendu en la chambre du conseil, d'après l'art. 458, c. civ. La commission de législation proposa cependant de faire rendre ces jugemens avec la publicité ordinaire; mais les législateurs décidèrent le contraire pour ne pas nuire aux intérêts du mineur ni divulguer ses secrets de famille. Néanmoins ses auteurs, MM. Pigeau et Hautefeuille, ont voulu faire revivre le projet de la commission ; mais leur doctrine, contraire au texte même de l'article précité, n'a point été admise dans la pratique. Il n'y aurait cependant pas d'inconvénient à rendre publiquement un jugement lorsqu'il y a une contestation positive ; par exemple dans les cas d'excuses, de dispense, d'exclusion ou de destitution de la tutelle ; la publicité ne peut nuire au mineur dans ce cas.

Jugé dans ce dernier sens que la procédure spéciale tracée par les art. 885 et 886, c. proc. civ., pour l'homologation des délibérations prises par les conseils de famille ne s'applique qu'aux délibérations relatives aux intérêts du mineur, à ses biens, à sa personne ; mais que lorsqu'il s'agit d'un débat entre le tuteur et le subrogé-tuteur ou les membres du conseil de famille, la cause doit être instruite et jugée dans les formes ordinaires. C. civ., 448 ; c. proc., 882, 883 et 884 ; Montpellier,

3 décembre 1841; ANNALES, vol. de 1843, p. 261.

191. Le ministère public n'étant appelé qu'à donner ses conclusions, il n'a pas le droit d'appeler du jugement qui a homologué, parceque ce droit n'est accordé qu'à celui qui a la faculté d'agir; or le rôle du ministère public se réduit ici à donner des conclusions. Toullier, n° 1223.

C'est d'après ces principes que la cour de cassation, par arrêts des 8 mars 1814 et 11 août 1818, a cassé deux arrêts de la cour de Paris qui avaient décidé que le ministère public pouvait agir dans l'intérêt des mineurs. Il est possible, dit à ce sujet M. Delvincourt, que ces arrêts fussent en effet contraires à la loi de 1790, et qu'ils dussent en conséquence être cassés; mais alors la disposition de la loi mérite d'être examinée. De tout temps les mineurs ont été regardés comme des personnes privilégiées mises sous la protection de la société tout entière: et cependant il résulte du système rejeté par la cour de cassation, et que nous admettons, qu'un mineur pourrait être entièrement ruiné, et vexé, même dans sa personne, au vu et su de tout le monde, et sans que le ministère public pût même s'y opposer. Car d'après le texte de l'article de la loi précitée de 1790, il faut qu'il y ait procès pour que le procureur du roi puisse intervenir ; et, d'un autre côté, il est très possible que le mineur n'ait point de parens sur les lieux, ou que ceux qui sont présens, n'ayant aucune responsabilité à encourir, se soucient fort peu d'entreprendre un procès contre le tuteur prévaricateur ou négligent. C'est donc un point qu'il convient de recommander à l'attention de nos législateurs, et qui doit éprouver d'autant moins de difficultés que le code civil a déjà, par son art. 1141, accordé l'action au ministère public dans l'intérêt des absens, qui ne sont certainement pas plus favorisés que les mineurs.

192. Si le tuteur ou autre chargé de l'homologation ne la poursuit pas dans le délai fixé par la délibération, ou à défaut de fixation, dans le délai de quinzaine, un des membres de l'assemblée pourra pour-

suivre l'homologation contre le tuteur et aux frais de celui-ci, sans répétition. C. proc., 887.

193. Ceux des membres qui croiront devoir s'opposer à l'homologation le déclareront, par acte extra-judiciaire, à celui qui est chargé de la poursuivre ; et s'ils n'ont pas été appelés, ils pourront former opposition au jugement. *Ibid.*, 888.

194. Le tribunal, en homologuant une délibération ne peut la modifier en quelque manière que ce soit, même sous le prétexte de l'intérêt du mineur, autrement le tuteur peut faire appel du jugement, et s'il ne le faisait pas, le conseil de famille pourrait l'interjeter lui-même après une délibération préalable qui nommerait un de ses membres pour suivre sur l'appel. Colmar, 11 avril 1822 ; J. P. A. D., p. 351.

195. En matière de destitution de tutelle, la forme de procéder est régie par les dispositions des art. 447 et 448, et nullement par l'art. 888 du code de procédure civile. Ainsi un tuteur peut se pourvoir directement, par la voie de l'appel, contre

le jugement qui homologue la délibération du conseil de famille, bien qu'il n'ait pas été cité pour voir prononcer l'homologation, qu'il n'ait pas manifesté sa résistance par un acte extra-judiciaire et qu'il n'ait pas tenté la voie de l'opposition contre ce jugement.

Pour repousser l'opinion que nous émettons, on dit : « La voie la plus simple et la plus respectueuse doit être employée. Le jugement d'homologation n'étant pas contradictoire, devait donc être d'abord attaqué par la voie de l'opposition. Or, s'il pouvait l'être par cette voie par le tuteur non appelé, quoiqu'il n'eût pas déclaré son intention de s'opposer à l'homologation, comme l'art. 888 lui en faisait un devoir, au moins faut-il convenir qu'elle devait être tentée ; car le même art. 888 le déclare en termes formels. Cette disposition concorde parfaitement avec celle de l'article suivant, qui autorise ensuite la voie de l'appel, et le législateur a ainsi maintenu dans cette procédure les principes du droit commun, qui veut que toute décision non contradictoire ne soit attaquable par la voie de l'appel que dès qu'elle ne peut plus être attaquée par celle de l'opposition. »

Ce système est plus spécieux que solide. Il ne s'agit pas en effet ici d'un jugement par défaut, mais d'un cas tout particulier régi par des règles spéciales. Le tuteur ne doit pas être appelé dans ces sortes de procédures, ce qui s'induit des art. 446 et suiv. du c. civ., qui portent que le subrogé-tuteur poursuit l'homologation de la délibération qui destitue le tuteur, sans obligation de sa part de citer le tuteur, qui, au contraire, pour se faire maintenir dans la tutelle, doit agir lui-même, et citer le subrogé-tuteur pour se voir maintenir dans la tutelle; d'où il suit évidemment que le jugement qui intervient ne saurait être assimilé à un jugement par défaut. L'article 888, c. proc. civ., est étranger à la matière dans le cas qui nous occupe, car le recours dont parle cet article ne concerne que les membres du conseil de famille qui s'opposent aux délibérations auxquelles il doit assister. Nîmes, 8 juill. 1834; ANNALES, vol. de 1834, p. 262.

196. Les minutes des actes émanés des conseils de famille n'appartenant point à la publicité, les greffiers des justices de paix ne doivent pas en délivrer expédition à ceux qui n'y ont pas été portés. Cass., 30 décembre 1840; ANNALES, vol. de 1841, p. 34.

« Attendu, porte cet arrêt, que les délibérations du conseil de famille ne sont ni des jugemens ni des actes appartenant à la publicité; — Attendu que le dépôt des minutes des actes émanés de ces conseils aux greffiers de justice de paix a lieu dans l'intérêt des familles, et non pour livrer au public le secret des délibérations; — Attendu que la loi n'a point ordonné la transcription de ces actes sur des registres publics, et que leur indication sommaire sur les registres de l'enregistrement contient la mention qu'il suffit au public de connaître; — Attendu qu'en déclarant que le greffier de la justice de paix du canton de Saint-Dizier n'était point obligé, par l'art. 853 du code de procédure civile, à délivrer à tout acquéreur expédition d'une délibération de conseil de famille portant nomination d'une tutrice, délibération qui n'a pas été et n'a pas dû être transcrite sur les registres publics dont le greffier est légalement dépositaire, l'arrêt attaqué, loin d'avoir violé ledit article, en a fait au contraire une saine application ; — Attendu que, loin que le demandeur ait pu se prévaloir d'aucune autorisation à lui donnée par justice, l'arrêt attaqué a au contraire jugé en fait qu'il ne s'est prévalu d'aucun intérêt particulier qui lui rendît utile l'expédition par lui requise ; — REJETTE. »

Cette décision nous paraît fort sage, les secrets de famille doivent être ignorés du public. Si le conseil de famille nomme un tuteur, destitue celui qui avait d'abord été nommé, etc., il suffit que le public soit averti de ces changemens, mais il n'a pas le droit d'aller examiner les motifs qui ont déterminé le conseil de famille.

CHAPITRE IX.

De la responsabilité des membres du conseil de famille.

197. Les membres du conseil de famille ne sont pas responsables des conséquences de leurs avis, à moins qu'ils n'aient agi frauduleusement ou avec une indifférence telle que la faute devrait être assimilée au dol comme faute grossière. (C. civ. 1382 et 1383.) On pourrait certainement puiser dans ces articles le principe de la responsabilité des membres d'un conseil de famille qui nommeraient pour tuteur un individu notoirement connu pour être un dissipateur, un homme de mauvaise conduite ou en état de faillite.

Dans tous les cas, la gravité de la faute résultant d'une foule de circonstances qu'il est impossible de prévoir, et tirant principalement son caractère de la nature des actes, rentre par cela même dans l'appréciation discrétionnaire des tribunaux. Duranton, n° 607 ; Dall., *Dict. gén ;* v° *Tutelle,* n° 630.

198. Cependant il y a des cas de responsabilité que la loi établit expressément et qui échappent au pouvoir discr étionnaire du juge, dit M. Dalloz, par exemple, lorsque le tuteur a négligé d'exercer le réméré (c. civ. 1663), ou d'appeler dans le délai utile (*ibid.*, 444; ou d'interrompre une prescription. (*Ibid.*, 2278.)

199. Lorsque le conseil de famille n'a autorisé le placement de capitaux appartenant au mineur que sous la condition d'une garantie hypothécaire, le subrogé-tuteur *gérant,* et par suite faisant les fonctions de tuteur, qui en a placé sans exiger cette garantie, est responsable du placement. Paris, 19 avril 1823, D. P., 28-2-51.

CHAPITRE X.

Du tuteur et du subrogé-tuteur. — Devoirs du tuteur dans l'administration de la personne et des biens du mineur. — Actes interdits au tuteur. — Actes pour lesquels il peut agir seul. — Fin et compte de la tutelle. — Fonctions et responsabilité du subrogé-tuteur. — Fin de la subrogée-tutelle. — Du tuteur ad hoc. — De la tutelle officieuse.

Dans les chapitres qui précèdent et notamment au chapitre cinq, nous avons fait connaître tout ce qui concerne le tuteur et le subrogé-tuteur dans leur rapport avec le conseil de famille, relativement à leurs droits, leurs obligations et leur responsabilité, nous devrons donc nous borner dans ce chapitre à passer rapidement en revue ce qui se rattache à leurs fonctions.

§ Ier *Devoirs du tuteur dans l'adminis-tration de la personne et des biens du mineur.*

200. L'administration du tuteur commence du jour de sa nomination s'il est présent, s'il n'est pas présent elle commence du jour où elle lui a été notifiée, lorsque la tutelle est dative ou testamentaire. Si la tutelle est légitime, sa responsabilité commence du jour où il a eu connaissance de l'événement qui donne lieu à la tutelle. C. civ. , 418.

201. Dans la tutelle légitime ou testamentaire le premier devoir du tuteur est de pourvoir à la nomination d'un subrogé-tuteur, faute de quoi et s'il y avait dol de sa part, il pourrait être destitué par le conseil de famille. (C. civ. 421). *Voir* ci-dessus chapitre deuxième.

202. Le tuteur est obligé de pourvoir au besoin du mineur; ce qui comprend ses alimens, son vêtement, son logement, les frais de maladies , les salaires des maîtres

et des domestiques, et toutes les dépenses nécessaires pour lui donner une éducation convenable, suivant ses facultés et dans la mesure prescrite par le conseil de famille.

203. En entrant en fonction il est tenu de requérir immédiatement l'apposition des scellés sur les objets dépendans de la succession échue au mineur par le décès qui a ouvert la tutelle; si les scellés avaient été apposés, il doit, dans les dix jours de sa nomination, en requérir la levée. Aussitôt après la levée des scellés, il fait dresser, en présence du subrogé-tuteur, un inventaire exacte des biens du mineur. Il importe beaucoup au tuteur que cet inventaire soit fidèle, puisqu'il doit servir plus tard de base à la reddition de son compte, et le soustraire à la responsabilité que son omission pourrait lui faire encourir. C. civ. 451 et 1382; Duranton, t. 3, n° 636.

204. Le tuteur doit faire connaître dans l'inventaire s'il lui est dû quelque chose de la part du mineur, sans quoi il demeure déchu, vis-à-vis du mineur, de toute

créance préexistante à la tutelle. Cette déclaration doit être faite, sur la réquisition de l'officier public appelé pour recevoir l'inventaire. (C. civ. *Ibid.*) Cependant, si par omission ou par négligence cette réquisition n'était pas faite au tuteur, il n'y aurait pas lieu à la déchéance prononcée par l'art. 451 c. civ. ; le tuteur, en effet, a pu ignorer la perte dont il était menacé, et a dû même s'en rapporter aux devoirs et à la capacité de l'officier public, qui est formellement obligé d'interpeller le tuteur pour qu'il ait à déclarer s'il lui est dû quelque chose de la part du mineur. Pau, 6 août 1834 ; Annales, vol. de 1835, n° 683 ; Touiller, *Droit civ.*, t. 2, p. 365, n° 1194 ; Duranton, t. 3, p. 525.

205. Dans le mois qui suit la clôture de l'inventaire, le tuteur doit faire vendre, en présence du subrogé-tuteur, aux enchères reçues par un officier public, et après affiches ou publication, tous les meubles corporels autres que ceux que le conseil l'autoriserait à garder en nature, sous peine de répondre de leur déprécia-

tion et de tout autre dommage. Cependant le conseil de famille peut autoriser le tuteur à conserver en nature, soit une partie, soit la totalité des meubles. C. civ. 452.

206. Les père et mère, tant qu'ils ont la jouissance propre et légale des biens du mineur, sont dispensés de vendre les meubles, s'il préfèrent les garder pour les rendre en nature. Mais dans ce cas, ils doivent en faire faire, à leurs frais, une estimation à juste valeur, par un expert nommé par le subrogé-tuteur et assermenté devant le juge de paix. A la fin de l'usufruit, ils rendent la valeur estimative des meubles qu'ils ne pourraient représenter en nature. *Ibid.* 453.

207. Quant le tuteur entrant vient en remplacement d'un autre tuteur excusé, destitué ou décédé, mais dont le mineur n'est pas héritier, ce tuteur n'a rien autre chose à faire que de recevoir, en présence du subrogé-tuteur, le compte du tuteur précédent ; c'est ce compte, alors, qui lui fait connaître le patrimoine de l'enfant et

qui sert de base au compte qu'il devra rendre lui-même. C'est lors de la réception de ce compte qu'il devra déclarer, sur la réquisition du subrogé-tuteur, les créances qu'il peut avoir sur le mineur. Marcadé, *Explication du c. civ.*, t. 2, p. 770.

Si le tuteur entrant vient remplacer un tuteur décédé dont le mineur est héritier, il doit accomplir tout ensemble les obligations indiquées dans l'article qui précède. Il y a lieu alors à faire vendre les meubles, à procéder à la rédaction de l'inventaire et à la réception du compte, formalités indispensables pour connaître le patrimoine et servir de base au compte futur. *Ibid.*

Quant aux instructions données au tuteur par le conseil de famille et qu'il est tenu de suivre, voir ce que nous avons dit dans les chapitres qui précèdent.

§ 2. *Actes interdits au tuteur.*

208. Le tuteur ne peut ni acheter les biens du mineur ni les prendre à ferme, à

moins que le conseil de famille n'ait autorisé le subrogé-tuteur à lui en passer bail,
ni accepter la cession d'aucun droit ou
créance contre son pupille (c. civ. 450),
parceque nul ne peut contracter avec soi-
même.

209. En payant les dettes du mineur, le
tuteur ne peut même pas acquérir la subrogation, ni de plein droit ni convention-
nellement : toute cession, toute subrogation à son profit, dit Magnin (*des Minorités*, n° 663), serait nulle de plein droit,
parceque s'il est vrai, que le tuteur puisse
et doive payer les dettes exigibles, il ne
peut en devenir cessionnaire. Et, comme
l'observe M. Duranton, dans le sens de
l'art. 450, ce n'est point se rendre cessionnaire d'une créance que de la payer, lorsqu'on est tenu de le faire. Par exemple, si
le tuteur, codébiteur solidaire du père du
mineur, ou sa caution, paie la dette, il
aura la subrogation légale (c. civ. 1251); et
il ajoute avec raison qu'il en serait de
même dans d'autres cas où pourrait s'appliquer cette subrogation.

210. L'autorité du tuteur est toute de protection ; ses pouvoirs sont, dans le sens le plus absolu, destinés à défendre la personne et les biens du mineur ; en conséquence, la loi doit lui interdire tout acte contraire au but essentiel du mandat qu'elle lui donne ; c'est pourquoi, dit M. Proudhon (t. 2, p. 232), il ne peut accepter aucun transport de créance contre son pupille, ainsi que nous venons de le dire, parceque étant chargé de repousser les demandes des créanciers par toutes les exceptions légales qui peuvent appartenir au mineur, il serait absurde de légitimer des actes de cession par lesquels le défenseur du faible se trouverait intéressé à sacrifier à ses intérêts, et pourrait faire valoir comme certaines des dettes douteuses, peut-être-nulles et déjà éteintes.

§ 3. *Actes pour lesquels le tuteur peut agir seul.*

211. Le tuteur peut et doit donner à ferme les propriétés du mineur, en tou-

cher les revenus et donner valable décharge; il est à cet égard, soumis aux
règles établies pour le mari administrant les
propres de son épouse. (C. civ. 1718.) En
conséquence les baux de neuf ans et au-
dessous qu'il aurait passés doivent être
exécutés pendant leur cours entier, lors
même que la tutelle viendrait à finir avant
leur expiration; si le temps pour lequel il
a donné à bail les biens de son pupille excédent neuf ans, ce bail, au moment où le
tuteur cesse ses fonctions, n'est obligatoire
à l'égard du mineur devenu majeur ou
de ses héritiers, que pour le temps qui
reste à courir, soit de la première période
de neuf ans, si elle n'est pas encore termi-
née, soit de la seconde, si elle est commencée, et ainsi de suite. (C. ci., 1429.)
Ainsi, en supposant qu'un tuteur ait fait
un bail pour vingt ans, s'il cesse ses fonctions au bout de quatre ans, le bail ne sera
plus obligatoire que pour les cinq années
suivantes. Si les fonctions cessaient à la
dixième année du bail, il serait obligatoire
encore pour huit ans. Enfin, si elles ne

cessaient que dans la dix-neuvième année,
le bail serait exécuté en entier.

212. Lorsqu'une rente constituée sur
l'état appartient à un mineur, et qu'elle
n'est que de cinquante francs et au dessous,
d'intérêt annuel, il est permis, soit au tuteur, soit au mineur émancipé et assisté de
soncurateur, d'en opérer le transfert au
profit d'un tiers, d'après le cours constaté
du jour, sans aucune autorisation spéciale.
(L., 24 mars 1806, art. 1er et 2.) Pour les
rentes d'une autre espèce ou d'une plus
grande valeur, l'aliénation ne peut être
faite sans autorisation.

En effet le tuteur du mineur non émancipé ni le mineur émancipé ne peuvent
faire la vente des immeubles pupillaires,
qu'autant qu'ils y sont autorisés par le conseil de famille. (C. civ., 457 et 484.) Et
pour obtenir cette autorisation faut-il encore qu'il y ait nécessité absolue ou avantage évident; et dans ce cas même, si le
choix de l'immeuble à aliéner n'est pas
déterminé par les circonstances, le conseil de famille désigne celui ou ceux

qui doivent être vendus de préférence.

Jugé cependant que la disposition du § 3 de l'art. 459 c. civ., portant que l'autorisation d'emprunter ne sera accordée qu'après qu'il aura été constaté, par un compte présenté par le tuteur, que les deniers, effets mobiliers et revenus du mineur sont insuffisans, n'est pas applicable au cas où l'emprunt n'est contracté que pour conserver au mineur un immeuble héréditaire menacé d'expropriation. Bordeaux 17 mars 1843; ANNALES, vol. de 1843, p. 236. Décidé encore par le même arrêt que la mère tutrice peu contracter, sans l'intervention du subrogé-tuteur, un emprunt pour préserver d'expropriation un immeuble de la communauté ou de la succession du mari, indivis entre elle et ses enfans; une pareille situation produisant non une opposition, mais au contraire une communauté d'intérêt.

§ 4. *Fin et compte de la tutelle. — Responsabilité du tuteur.*

213. La tutelle finit 1° par la mort naturelle ou civile du mineur, et le compte est dû à ses héritiers; 2° par sa majorité et c'est à lui-même que le compte est rendu; 3° par son émancipation, et le compte de la tutelle lui est également rendu, mais avec l'assistance d'un curateur que lui nomme le conseille de famille; 4° par la mort naturelle ou civile du tuteur, car la tutelle étant une charge personnelle et constituée sur la personne, elle ne passe pas aux héritiers du tuteur; cependant s'ils sont majeurs, ils sont tenus de continuer la gestion jusqu'à la nomination d'un nouveau tuteur, et en leur qualité d'héritiers, ils doivent compte de l'administration du tuteur décédé ; mais, dit M. Delvincourt, ils ne seraient point tenus de poursuivre les procès commencés par le tuteur au nom du pupille; c'est qu'en effet, ils ne le pourraient pas; ils manquent de qualité

6

pour cela puisqu'ils ne sont point tuteurs. Mais ils doivent faire connaître aux parties adverses, le décès du tuteur, pour arrêter les frais de procédures qui seraient faits contre ce dernier, qui seraient valables, et pour lesquelles ils pourraient encourir les dommages-intérêts causés au mineur. C. proc., 344.

La tutelle finit encore par la destitution et la démission, et le compte est rendu au nouveau tuteur en présence du subrogé-tuteur.

214. Ainsi que nous l'avons déjà dit dans les chapitres précédens, tout tuteur autre que le père et la mère peut être tenu, même durant la tutelle, de remettre au subrogé-tuteur des états de situation de sa gestion aux époques que le conseil de famille aurait jugé à propos de fixer, sans néanmoins que le tuteur puisse être obligé d'en fournir plus d'un par an. Code civ., 470.

215. Tout traité intervenu entre le tuteur et le mineur devenu majeur, est nul, s'il n'a été précédé de la reddition d'un

compte détaillé, et de la remise des pièces justificatives ; le tout constatée par un récepissé de l'oyant compte, dix jours au moins avant le traité ; et cela, afin que le tuteur qui doit avoir parfaite connaissance des affaires de la tutelle, ne puisse pas induire en erreur le pupille, qui, tant qu'il n'y a pas eu de compte de rendu, est censé ignorer sa véritable situation. Paris, 14 août 1812 ; Sirey, 12-2-434 ; cass., 14 déc. 1818 ; Sirey, 19-1-252. *Ibid.* 472.

216. Si le compte donne lieu à des contestations elles sont poursuivies et jugées comme les autres contestations en matière civile. *Ibid.* 473.

Décidé aussi que les juges ne peuvent admettre les héritiers du tuteur à prouver par témoins la reddition du compte de tutelle, lorsqu'il n'existe aucun commencement de preuve par écrit. Toulouse, 6 fév. 1835 ; Annales, vol. de 1835, n° 571.

217. Le mineur devenu majeur, auquel le compte de tutelle est rendu peut prouver, même par témoins, les erreurs ou omissions reprochées au compte, encore

qu'elles se rapportent à des sommes excédant 150 fr. (Bordeaux, 12 mai 1835.) Ce droit peut, en effet, d'autant moins lui être contesté que pendant sa minorité, il ne pouvait se procurer une preuve par écrit des erreurs et omissions par lui relevées touchant le compte de tutelle, qu'il ne la connu qu'après qu'il a eu atteint sa majorité.

Mais ce droit n'appartient point au tuteur pour les erreurs ou omissions qu'il aurait faites à son préjudice, si les articles auxquels elles s'appliquent forment un ensemble supérieur à 150 fr. C. civ., 1341, 1345, 1348.

218. Le tuteur étant tenu d'administrer les biens de son pupille en bon père de famille, il répond des dommages-intérêts qui pourraient résulter d'une mauvaise gestion. (C. civ., 450.) Voir ce que nous avons dit dans les chapitres précédens.

§ 5. *Fonctions et responsabilité du subrogé-tuteur. — Fin de la subrogée-tutelle.*

219. Dans toute tutelle il y a un subrogé-tuteur nommé par le conseil de famille (c. civ., 420). « Le mineur, dit Proudhon, peut se trouver en opposition d'intérêt avec son tuteur, qui ne saurait alors le représenter contre lui-même. Cette situation est, dans le cours ordinaire des choses, d'autant moins improbable que le tuteur étant presque toujours un des plus proches parens du mineur, ils peuvent l'un et l'autre se trouver appelés à la même succession et engagés dans les débats d'un partage ou d'une liquidation de communauté. C'est pour suppléer à la tutelle directe, dans ces cas, que la loi ordonne la nomination d'un subrogé-tuteur. » T. 2, p. 176.

220. Ses fonctions consistent donc à agir contre le tuteur direct lorsqu'il se trouve en opposition d'intérêt avec le mineur; à provoquer la destitution de celui-ci s'il ne

remplit pas fidèlement ses obligations ; à défendre sur tous les débats qui peuvent avoir lieu à ce sujet ; à provoquer la nomination d'un nouveau tuteur lorsque la tutelle directe devient vacante ou est abandonnée par absence. C. civ., 420, 446, 448 et 424.

221. Lorsqu'un mariage est dissous par la mort naturelle ou civile de l'un des époux, et qu'il y a des enfans mineurs, le subrogé-tuteur est obligé d'agir contre le survivant des père et mère pour procurer un inventaire des effets de la communauté, sans quoi il serait solidairement tenu avec lui de toutes les condamnations en dommages-intérêts qui pourraient être prononcées au profit des mineurs. *Ibid.*, 1442.

222. Le subrogé-tuteur est tenu, sous sa responsabilité personnelle et sous peine de tous dommages et intérêts, de veiller à ce que l'hypothèque légale des mineurs sur les biens de leur tuteur, pour raison de sa gestion, soit inscrite sans délai au bureau du conservateur, ou de former lui-même cette inscription. Il est également

tenu de défendre sur la demande en réduction d'hypothèque qui pourrait être formée par le tuteur. *Ibid.*, 2137 et 2143.

223. Dans toute tutelle dative, la nomination du subrogé-tuteur a lieu immédiatement après celle du tuteur. (C. civ., 422.) Lorsque la tutelle est légale ou testamentaire, le tuteur, avant d'entrer en fonctions, est tenu, à peine de dommages-intérêts et même de destitution en cas de dol, de faire convoquer un conseil de famille pour procéder à la nomination du subrogé-tuteur, qui doit toujours être pris dans la ligne à laquelle le tuteur n'appartient pas, sauf le cas où le tuteur appartiendrait aux deux lignes; par exemple, si c'est un frère-germain. Le tuteur ne peut, dans aucun cas, concourir à la nomination du subrogé-tuteur ni à sa destitution, qu'il ne peut pas même provoquer. *Ibid.*, 421, 422, 423 et 426.

224. Les fonctions du subrogé-tuteur n'étant qu'accessoires à la tutelle principale, il en résulte qu'elles doivent cesser à la même époque, et qu'il ne remplace

pas de plein droit le tuteur qui vient à manquer, puisque le mandat spécial qu'il avait reçu n'embrasse point la tutelle générale; mais il doit en ce cas provoquer la nomination d'un nouveau tuteur, sous peine des dommages-intérêts qui pourraient résulter au mineur de sa négligence. *Ibid.*, 425 et 424.

225. Quant aux causes de dispense, d'incapacité ou de suspicion, le subrogé-tuteur est en tout soumis aux règles ordinaires établies pour la tutelle directe. (*Ibid.*, 426; Riom, 25 février 1843; ANNALES, vol. de 1843, pag. 267). Voir au surplus ce que nous avons dit dans les chapitres précédens et notamment au chap. 5.

§ 6. *Du tuteur* ad hoc. — *De la tutelle officieuse.*

226. On entend par *tuteurs ad hoc* les tuteurs qui sont donnés aux mineurs pour les représenter dans un certain acte ou pour une affaire spéciale à laquelle se bornent leurs fonctions.

227. Il y a lieu à la nomination d'un tuteur *ad hoc* toutes les fois que le mineur a des intérêts opposés à ceux de son tuteur. (C. civ., 835; c. proc., 968.) Cette obligation imposée par la loi est d'autant plus sage qu'il serait à craindre en effet que le tuteur commun ne favorisât l'un des pupilles aux dépens des autres.

228. La tutelle officieuse est un préliminaire pour arriver à l'adoption : en d'autres termes, c'est une quasi-adoption qui conduit souvent à l'adoption véritable. Ses conditions et ses effets sont retracés dans les art. 361 et suiv. du code civil. Voir encore ci-dessus chap. 5, p. 95, n° 85 et suiv.

CHAPITRE XI.

Du curateur. — Différentes espèces de curatelles et principes généraux qui leur sont applicables. — Curateur aux effets de l'émancipation. — Curateur à une succession vacante. — Curateur au délaissement par hypothèque. — Curateur au bénéfice d'inventaire. — Curateur aux biens d'un absent. — Curateur à la grossesse d'une femme veuve. — Curateur aux actions du mort civilement. — Curateur à la mémoire du défunt. — Obligations particulières, responsabilité et actions récursoires des curateurs.

229. Le curateur est le gérant ou le simple surveillant donné soit par un conseil de famille, soit par la justice, à quelqu'un qui est dans l'impuissance d'administrer ses biens ou de surveiller ses intérêts.

§ 1ᵉʳ. *Des différentes espèces de curatelles et principes généraux qui leur sont applicables.*

230. Indépendamment des curatelles dont l'énumération est faite dans nos codes, les auteurs indiquent encore les *curateurs réels* et les *curateurs aux causes:* les premiers sont préposés pour concourir à la confection d'un ou plusieurs actes, à l'égard desquels l'une ou l'autre des parties contractantes manquent de capacité ; les seconds interviennent avec la mission dans les débats juridiques, et leur caractère cesse avec le jugement qui met fin au litige. Ces curateurs sont en général appelés tuteur *ad hoc.* C. civ., 139, 838 et 936.

231. Avant les modifications apportées en 1832 au code pénal de 1810, un curateur devait être nommé pendant la durée de sa peine, à tout individu condamné aux travaux forcés à temps ou à la réclusion. Le conseil de famille nomme maintenant

au condamné un curateur et un subrogé-tuteur pour administrer ses biens dans la forme prescrite pour la nomination des tuteurs et subrogés-tuteurs aux interdits.

232. Lorsque le curateur est en même temps chargé de la personne et des biens, comme en matière d'interdiction, c'est un véritable tuteur; mais, dans le cas de condamnation, dont nous venons de parler, il ne s'agit que d'une simple curatelle.

Du reste, la curatelle est, comme la tutelle, une charge publique qu'on ne peut refuser sans motifs légitimes, parcequ'il est de l'intérêt de la société que ceux qui ont besoin de secours pour la conservation de leurs droits ne restent pas sans défense.

A la différence de la tutelle, il n'y a pas de curatelle de droit; cependant le mari tient lieu de curateur à sa femme lorsqu'il est lui-même majeur. Pau, 11 mars 1811.

233. Les fonctions des véritables curateurs se bornent à assister celui qu'ils sont chargés de surveiller; ceux-ci agissant en leur nom, il en résulte qu'ils ne sont point passibles de l'hypothèque légale.

234. Une règle commune à tous les curateurs est qu'ils sont tenus de passer déclaration des biens dépendans des successions échues à ceux qu'ils représentent, et d'en acquitter les droits dans le délai voulu par la loi, à peine de supporter personnellement le demi-droit en sus. L. 22 frim. an 7, art. 27 et 29.

§ 2. *Curateur aux effets de l'Emancipation.*

235. Tandis que l'art. 450 dispose que le tuteur prend soin du mineur et le remplace dans tous les actes civils, l'art. 481 porte que celui-ci passera les baux, dont la durée n'excédera point neuf ans, qu'il recevra ses revenus, en donnera décharge, et fera tous les actes qui ne sont que de pure administration, sans être restituable contre ces actes, dans tous les cas où le majeur ne le serait pas lui-même.

236. Néanmoins, le mineur émancipé ne saurait franchir cette limite. Il ne peut intenter une action immobilière, ni y défendre, même recevoir et donner décharge d'un capital mobilier, sans l'assistance de son curateur, qui au dernier cas, surveillera l'emploi du capital reçu. Ce sont les termes de l'art. 482. L'art. 484 ajoute : « qu'il ne pourra non plus vendre ni aliéner ses immeubles, ni faire aucun acte autre que ceux de pure administration, sans observer les formalités prescrites au mineur non émancipé. » Voir ci-dessus chapitre sixième.

237. Rien, dans la loi, n'explique d'une manière suffisante par qui est nommé le curateur à l'émancipation. Il existe bien des élémens de solution, mais il n'émanent point du législateur. La cour de Caen a décidé, le 12 janv. 1812, que la nomination du curateur dont il s'agit est abandonné au choix de la famille, et que le père émancipateur n'a aucune attribution à ce sujet. Quelques auteurs sans se prononcer formellement sur la difficulté, défèrent également la nomination aux parens réunis. D. *Rec. Alp.*, t. 12, p. 782 ; Sirey, t. 14, 2, 394 ; Merlin, *Rép. de Jurisp.*, v°

Curateur, § 1ᵉʳ. n° 3; Roll. de Villarg, *Rep. du Not.* v° *Curat.*, n° 12.

238. D'autres pensent au contraire, qu'il a été dans l'intention du législateur d'indiquer une distinction entre la curatelle paternelle ou légale et la curatelle officieuse et dative, comme celle qu'on rencontre en matière de tutelle, et que tel est le sens de l'art. 480 du c. civ. Nier, disent-ils, le droit du père à être curateur de son enfant, alors que l'art. 477 lui donne, ainsi qu'à la mère, le pouvoir de l'émanciper, sans les exclure de la curatelle, c'est heurter de front tous les principes, c'est tomber dans une grave contradiction puisque, en refusant au père la prérogative de choisir le curateur, quand il n'y a que lui qui puisse donner l'émancipation, sa condition devient pire que celle de la famille, qui ne nomme le curateur que parcequelle a émancipé le mineur orphelin. Delv., C. du c. civ., t. 1, p. 314, *note* 3.

239. L'assistance du curateur est impérieuse pour tous les cas prévus. S'en affranchir, c'est violer la règle d'attributions

et commettre une nullité. Autrefois l'on maintenait des actes où le mineur avait agi seul ; mais le nouveau droit repousse une pareille tolérance.

240. Ainsi le mineur, quoique l'émancipation lui permette d'intenter une action mobilière, ne peut, à l'insu de son curateur et sans sa participation, formuler l'action en partage des biens héréditaires, n'existât-il que du mobilier. C'est là l'exercice d'un droit personnel, un acte qui dépasse les bornes de l'administration et que ne comporte point sa capacité individuelle. Par la même raison, s'il constitue un mandataire pour un contrat qui nécessite la présence du curateur, ce mandataire, qui n'est que son image, sera frappé de la même incapacité que lui.

241. Cependant nous devons faire observer que le principe change après que le jugement a été rendu. Soit que l'émancipé ait été demandeur, soit qu'il n'ait fait que défendre à l'action engagée vis-à-vis de lui, la nullité résultant du défaut de concours du curateur est ouverte par l'exécu-

tion de l'un et de l'autre. L'autorité de la chose jugée la couvre aussi, car c'est une présomption légale de vérité. Faute d'interjeter appel dans les délais utiles, le jugement devient inattaquable, pourvu qu'il ait été signifié au curateur ; car cette signification est l'équipollent de celle exigée par l'art. 444 du code proc. civ. Merlin, *Rep. de Jurisp.*, vº *Appel*, sect. 1ʳᵉ, § 5, nº 9, et Roll. de Villarg., *Rép. du Not.*, vº *Curat.*, nº 21.

242. Quoique le curateur ne fasse qu'assister le mineur dans les poursuites judiciaires, il n'en devient pas moins partie nécessaire et intégrante de l'instance. Cette qualité, qu'il prend de la force des choses, fait que son décès n'empêche pas le jugement si la cause est en état, et que, s'il n'est pas dénoncé, dans le cas où la cause ne serait pas instruite il n'est pas indispensable de le faire remplacer. Les art. 342 et 344, au titre *Des reprises d'instances*, régissent la matière. Cass., 22 nov. 1837 ; Sirey, 37-1-969.

§ 3. *Curateur à une succession vacante.*

243. Lorsqu'après l'expiration des délais pour faire inventaire et pour délibérer il ne se présente personne qui réclame la succession, et qu'il n'y a pas d'héritiers connus, ou lorsque les héritiers connus ont renoncé, la succession est réputée vacante; il y a lieu à nommer un curateur.

La nomination de ce curateur est faite non par le conseil de famille, mais par le tribunal de première instance, sur la demande des parties intéressées et même du procureur du roi. C. civ., art. 811 et 812, et c. proc. civ., art. 998.

244. Aucune poursuite de la part des créanciers ne peut être faite qu'avec le curateur, à ce point que, si sur une action en reprise d'instance les héritiers signifient leur répudiation, un curateur doit aussitôt être nommé pour les remplacer. Il n'est pas nécessaire pourtant d'interpeller les héritiers qui se trouvent les premiers appelés, après que ceux du degré le plus

avancé ont renoncé. Nulle disposition de la loi ne l'exige, et dès lors le créancier qui provoque la nomination du curateur n'a à leur faire aucune interpellation. Si plusieurs créanciers obtenaient chacun un curateur, celui qui aurait d'abord été nommé devrait être préféré ; c'est le vœu de l'art. 999, c. civ.

245. Le jugement de nomination du curateur est plus que provisoire ; il a un caractère définitif, donc il est susceptible d'appel. Il consacre, aux termes de l'article 790, un dépouillement actuel du droit de poursuite qu'avaient d'abord les héritiers légitimes ou testamentaires. Si, tant que le délai de la prescription n'est pas expiré, ils peuvent accepter de nouveau la succession et se porter les représentans du défunt, tout ce qui a été fait avec le curateur légalement nommé doit être respecté par eux. Roll. de Villarg., *Rép. du Not.*, v° *Curateur*, n° 26, et cass., 7 fév. 1809 ; D. Alph., t. 12, p. 396, n° 1.

246. Le curateur à une succession vacante est tenu d'en faire constater l'état

par un inventaire si déjà il n'a été fait, et de faire vendre les meubles et immeubles dans les formes prescrites en matière de succession bénéficiaire. Cod. civ., 813 et suiv. ; c. proc. civ., 1000 et 1001.

247. Il faut remarquer toutefois que le curateur ne pourrait se rendre adjudicataire des biens de la succession, à la différence de l'héritier bénéficiaire. Arg. de l'art. 1596 du code civil.

248. Les curateurs de diverses successions vacantes ne peuvent se réunir pour faire opérer la vente des biens qui en dépendent. Décis. du min. de la just., 8 octobre 1827.

249. A la différence de l'héritier bénéficiaire, le curateur à la succession vacante ne pourrait être tenu de fournir caution pour raison de sa gestion. Il est réputé avoir été choisi comme personne solvable. On va voir d'ailleurs qu'il doit se dessaisir des deniers de la succession.

250. Le curateur exerce et poursuit les droits de la succession, répond aux demandes formées contre les biens du défunt,

et administre, à la charge de la consigna-
tion dont nous allons parler. (C. civ., 813.)
Il ne peut pas plus que le tuteur transiger et compromettre. Cass., 5 oct. 1808.

251. Il doit verser le numéraire qui se
trouve dans la succession, ainsi que les
deniers provenant du prix des meubles et
immeubles vendus, à la caisse du receveur
de l'enregistrement pour la conservation
des droits, et à la charge de rendre compte
à qui il appartiendra. C. civ., 813.

252. Ce versement est reçu par le receveur des domaines pour le compte de la
caisse des dépôts et consignations. Ce receveur procède à l'examen et à la discussion des comptes provisoires du curateur,
mais seulement pour s'assurer du versement de la totalité des deniers provenant
de la succession ; les comptes définitifs et
libératoires ne peuvent être rendus qu'aux
créanciers ou héritiers de cette succession.
Décis. min. fin., 20 octobre 1826 et 10 septembre 1829.

253. Le curateur n'est tenu de verser
que ce dont il est comptable après la dé-

duction des frais privilégiés, c'est à dire de ceux funéraires, de dernière maladie, de scellés, d'inventaire et de vente du mobilier. A l'égard du prix des immeubles, il ne consigne que ce qui lui reste après le paiement des créances privilégiées et hypothécaires inscrites en ordre utile. Circ. min. just., 12 messid. an 13.

254. A l'égard des autres dépenses et dettes de la succession vacante, le curateur n'ayant aucun denier à recevoir ne peut être tenu de les accepter; elles sont payées en vertu de jugemens ou d'ordonnances des tribunaux, par la caisse des consignations, sur les sommes provenant de la succession.

255. L'administration des domaines n'a pas le droit d'exiger les comptes du curateur à la succession vacante, lorsque cette somme n'a rien produit et que le curateur n'a aucuns deniers entre les mains. Cass. 29 janv. 1807.

256. Par l'analogie de ses fonctions avec celles de l'héritier bénéficiaire (arg. de l'art. 1002 du c. proc.), on doit dire que

comme celui-ci il n'est tenu que des fautes graves de son administration.

§ 4. *Curateur au délaissement par hypothèque.*

257. Lorsque le tiers détenteur d'un immeuble ne paie pas les créanciers inscrits hypothécairement, mais le délaisse, il est créé à cet immeuble un curateur par lequel la vente de l'immeuble est poursuivie dans les formes prescrites pour les expropriations forcées. C. civ., 2174.

258. Cette demande est formée par le créancier le plus diligent, et sur la requête qu'il présente au tribunal. *Ibid.*

259. Si le commandement tendant à saisie immobilière a été fait au détenteur, il n'est pas besoin de le renouveler au curateur ; la saisie est faite par celui-ci après le délai ordinaire de trente jours. *Ibid.*

260. On ne signifie d'ailleurs au débiteur aucun des actes relatifs à la saisie immobilière. La loi porte (c. civ., 2174) que la

vente est poursuivie sur le curateur; c'est donc à celui-ci que les mêmes actes doivent être signifiés. Pigeau, t. 2, p. 450.

§ 5. *Curateur au bénéfice d'inventaire.*

261. Un des principaux effets de l'acceptation bénéficiaire est de donner à l'héritier le droit de ne pas confondre ses actions personnelles avec celles de la succession qu'il administre. Il peut donc arriver qu'il ait intérêt d'agir, soit pour exercer un privilége, soit pour utiliser une cause de préférence, ou afin de ne pas laisser épuiser les valeurs héréditaires qui forment son gage, et que la loi l'autorise à distribuer aux créanciers. Mais il eut répugné qu'il dirigeât des poursuites contre lui-même, sans contrôle possible, et au mépris des règles de la loyauté.

262. De là la disposition de l'art. 996 du c. de proc., d'après lequel les actions à intenter par l'héritier bénéficiaire contre la succession doivent être intentées contre

les autres héritiers, et que, s'il n'y en a pas, ou qu'elles soient intentées par tous, elles le soient contre un curateur au bénéfice d'inventaire nommé en la même forme que le curateur à la succession vacante, c'est à dire sur requête, et par le tribunal du lieu de l'ouverture de la succession.

263. Pendant la poursuite, la gestion bénéficiaire est modifiée ; elle ne porte plus sur la créance ou le droit litigieux que réclame l'héritier. Dans ce cas, la loi lui substitue un administrateur partiel temporaire, et qui vient prendre, dans les exceptions à opposer, la place du défunt.

264. Il en serait autrement si ce dernier était mort en état de faillite et si les créanciers avaient requis la nomination d'un syndic ; dans ce cas, l'héritier trouverait là une contradiction légale. Amiens, 14 mars 1820 ; D. Alph. t. 8, p. 179.

265. L'héritier qui a accepté bénéficiairement peut, en exécution de l'art. 802, c. civ., et pour se décharger du paiement des dettes, faire l'abandon des biens aux créanciers et légataires de la succession,

qui en font faire la vente en justice par les soins d'un curateur nommé par le tribunal, comme cela se pratique pour le délaissement par hypothèque. Chabot de l'Allier, *des Successions*, art. 802, n° 8 ; Roll. de Villarg., *Rép. du Not.*, v° *Curateur*, n° 31, et Toullier, *Cours de Dr. civ.*, t. 4, n° 358.

266. Toutefois il est bon de faire remarquer que cette opinion professée par les auteurs que nous venons de citer à l'appui, a été vivement combattue par M. Billard, *Traité du bénéfice d'inventaire*, n° 139. « L'art. 2174 dont on excipe, dit-il, au soutient de la nomination du curateur, n'a point un principe d'identité absolue avec le bénéfice d'inventaire. Ce qui le démontre, c'est que, par la vente, le vendeur s'est dépouillé de tout droit de propriété sur l'objet vendu, et qu'il en a investi l'acquéreur ; que celui-ci, par le délaissement par hypothèque, cesse d'être propriétaire, répudie l'immeuble, et ne veut plus courir les chances de l'action des créanciers.

§ 6. *Curateur aux biens d'un absent.*

267. Lorsqu'une personne a quitté son domicile depuis longtemps, sans avoir donné de ses nouvelles, il appartient au tribunal de première instance de nommer un curateur pour la gestion de ses affaires. Ce curateur reçoit du jugement, non seulement son titre, mais encore la spécification des divers actes dont se compose sa mission, par conséquent la mesure même et l'étendue de ses pouvoirs. Il peut plaider en sa qualité, sans autorisation expresse, interjeter appel, et représenter l'absent dans l'instance sur l'appel. Cass. 25 août 1813.

268. Le condamné contumace est assimilé à l'absent, par l'art. 471, c. d'inst. crim., d'où il suit qu'un curateur doit être chargé par la justice de le représenter envers et contre tous. Roll. de Villarg., *Rép. du Not.* v° *Curateur*, n° 42; Cass., 12 mai 1808; Dall., Alp., t. 6, p. 538.

§ 7. *Curateur à la grossesse d'une femme veuve.*

269. Comme nous l'avons dit ci-dessus, au chapitre 5me, n° 86, s'il arrive que la femme soit enceinte lors du décès de son mari, il peut être nommé un curateur au ventre par le conseil de famille. Dans ce cas, à la naissance de l'enfant, la mère en devient tutrice, et le curateur en est de plein droit le subrogé-tuteur. C. civ. 393.

270. Mais à qui appartient le droit de requérir cette nomination, dans l'intérêt de qui est-elle permise ?

271. Il est évident que la mère est celle à qui, de prime-abord, incombe l'initiative. Elle seule, en effet, doit désirer devoir conserver les droits de son enfant, et de lui voir posséder un jour le nom et les richesses du père. C'est elle aussi qui déclare la grossesse, parcequ'elle, mieux que personne, est à même de connaître son état. L'intervention des gens de l'art n'est pas nécessaire. Delv., *Cours de Code civ.*,

t. 1ᵉʳ, p. 272, *note 4*, et Roll. de Vill., *Rép. du Not.* vᵒ *Curateur*, nᵒ 37.

272. La nomination du curateur, dans le cas dont il s'agit, a lieu aussi bien dans l'intérêt des héritiers naturels de l'époux décédé, que dans celui de l'enfant ; cependant, par le seul fait de la déclaration de grossesse, les biens sont mis en dépôt dans les mains du curateur, et nul autre que lui ne peut agir. Aix, 19 mars 1807 ; D. A., t. 12, p. 704 ; Sirey, 7-2-167.

273. Il peut recouvrer les capitaux exigibles, recevoir les revenus, payer les dettes aussi exigibles et pressées, pour éviter des frais à la succession, exercer toutes les actions conservatoires et administrer les biens de la succession. Mais comme son administration ne doit durer que pendant quelques mois, il doit la borner aux actes nécessaires. Toullier, t. 2, nᵒ 1100 ; Durant., t. 3, nᵒ 430.

274. Le curateur au ventre rend son compte à la mère, devenue tutrice par la naissance de son enfant, dont il devient de plein droit le subrogé-tuteur ; et, si l'en-

6***

fant ne naît pas viable, il le rend aux héritiers qui succèdent à son defaut. *Ibid.*

275. Il est aussi chargé d'empêcher la supposition de part, sans néanmoins exercer sur la mère la surveillance inquisitoriale qu'autorisait le droit romain, et que proscrivent nos mœurs. *Ibid.*

276. Tant que l'enfant demeure dans le sein de sa mère, observe M. Locré, t. 5, p. 31, il n'y a pas encore certitude qu'il aura des droits à la succession de son père; il ne peut succéder qu'autant qu'il naît viable (c. civ. 727); s'il vient mort-né il ne change pas l'ordre de succéder qui existait à l'instant où la succession s'est ouverte; ainsi l'événement seul déterminera les droits de chacun. Il sera donc nécessaire de l'attendre et de laisser jusque là tout en suspens.

277. Cependant, comme cette suspension ne doit pas nuire aux personnes qui se trouveront définitivement appelées, il faudra bien commettre un agent à la conservation de la chose.

Cet agent (c'est le curateur au ventre)

sera chargé non pas de conserver la succession à l'enfant, mais de la garder pour ceux qui devront la prendre, soit pour l'enfant, lorsqu'il naît viable, soit, s'il vient mort-né, pour ceux qu'il eût exclus en totalité par priorité de vocation, ou en partie par l'effet du concours; il veille également pour tous; il est l'homme de la chose, et non celui d'un individu en particulier; c'est un curateur, sinon à une succession vacante, du moins à une succession incertaine. Cela est si vrai, que dans notre ancienne jurisprudence, où la nomination du curateur au ventre n'était pas forcée, comme elle l'est aujourd'hui, elle avait quelquefois lieu, sur la demande et pour l'intérêt des héritiers, c'est à dire afin d'empêcher que la succession ne leur fût indûment enlevée par une supposition de part.

278. La mission du curateur au ventre peut, dans certaines circonstances, n'être pas compatible avec la tutelle (de la mère). Il en sera ainsi, par exemple, dans le cas où la mère qui devient de droit tutrice, aurait été instituée donataire du défunt, à

défaut d'enfant, et où ils n'existerait pas d'autres enfans du mariage, alors il y aurait opposition d'intérêt entre le tuteur et le pupille, jusqu'à la naissance de ce dernier; alors ce ne serait plus à un tiers désintéressé que la convocation des droits successifs se trouverait confiée, si l'on s'en rapportait à la mère.

279. Il résulte de ces réflexions que le curateur au ventre n'est pas plus établi pour l'intérêt de l'enfant à naître que pour celui de toutes les personnes qui pourront avoir des droits à la succession.

Ainsi, continue M. Locré, p. 33, le curateur au ventre constitué comme tiers séquestre et conservateur de la succession, au profit de qui il appartiendra, doit veiller, comme nous venons de le dire, à ce que la succession ne dépérisse pas dans le court espace de temps qui s'écoulera jusqu'au moment où les héritiers seront devenus certains.

280. Le pouvoir du curateur va plus loin qu'on ne le croirait au premier abord. Pour en bien mesurer l'étendue, il est nécessaire de faire observer qu'il y a des

actes évidemment d'administration, des actes évidemment conservatoires, et des actes mixtes qui ont tout à la fois l'un et l'autre caractère.

Ceux de la première classe sont interdits au curateur au ventre; ainsi, par exemple, il ne pourra point passer de baux.

Ceux de la seconde classe lui sont permis et même ordonnés; ainsi il fera les oppositions que les circonstances pourront exiger, les actes nécessaires pour interrompre la prescription, etc.

Ceux de la troisième classe ne peuvent lui être défendus; car s'il ne lui est possible de conserver qu'en administrant, il faudra bien souffrir qu'il administre, puisqu'on l'a constitué pour conserver. Il doit donc être chargé de recouvrer les capitaux des dettes mobilières et les revenus, parcequ'il importe à la conservation de la chose de prévenir l'insolvabilité des débiteurs.

281. Il devra également payer les dettes exigibles, afin que la succession ne supporte pas inutilement des frais de pour-

suite. D'ailleurs, comme on ne peut réclamer les dettes contre l'être de raison qu'on appelle l'hérédité; que cependant les créanciers ne doivent pas souffrir de ce que dans une succession il se trouve un posthume ; que personne n'a encore la qualité d'héritier, il est naturel de les renvoyer au curateur au ventre, comme à celui qui veille pour tous les intéressés, ou il faudrait donc leur permettre de faire nommer un curateur spécial comme dans une succession vacante.

282. On voit, par ce qui vient d'être dit, que le curateur au ventre, quoique essentiellement conservateur et séquestre, se trouve néanmoins, et par suite de ce caractère même, chargé d'une partie de l'administration ; et que, quand on a posé en principe qu'il n'est point administrateur, cela ne s'entend que des actes susceptibles d'être différés, sans que la succession en reçoive de préjudice.

C'est dans ce sens et par ces distinctions qu'il convient d'expliquer ce principe avancé par quelques auteurs, que le curateur au ventre a l'administration des biens. Une telle maxime serait absurde, si elle était prise indéfiniment. Comment donner à un curateur qui ne doit subsister que quelques mois, le pouvoir de lier par des baux, le tuteur qui doit bientôt le remplacer?

§ 8. *Curateur aux actions du mort civilement.*

283. Par la mort civile, le condamné perd la propriété de tous les biens qu'il possédait. Sa succession est ouverte au profit de ses héritiers, auxquels ses biens sont dévolus, de la même manière que s'il était mort naturellement et sans testament. Mais ce condamné n'est pas incapable d'acquérir à titre onéreux, ni de recevoir des dons d'alimens; il est possible qu'il ait besoin de former des actions alimentaires contre ses parens, car les liens naturels ne sont pas encore effacés; aussi l'art. 25 du code civil, prévoyant ces cas dit: « Il ne peut procéder en justice, ni en

demandant, ni en défendant, que sous le nom et par le ministère d'un curateur spécial, qui lui est nommé par le tribunal où l'action est portée. » Cela s'applique aux condamnés à mort avant leur exécution, et aux condamnés aux travaux forcés à perpétuité et à la déportation.

§ 9. *Curateur à la mémoire du défunt.*

284. Lorsqu'il y a lieu de reviser une condamnation pour les causes exprimées en l'art. 444 du code d'instr. crim., et que cette condamnation a été portée contre un individu mort depuis, la cour de cassation crée un curateur à sa mémoire, avec lequel se fait l'instruction, et qui exerce tous les droits du condamné. C. inst. crim., 447.

§ 10. *Obligations particuliéres, responsabilité et actions recursoires du Curateur.*

285. Nulle part le législateur n'a renouvelé la disposition des anciennes lois, qui

soumettaient le curateur à un serment préalable; il n'est donc plus tenu à ce serment. La règle est sans difficulté lorsque c'est le père, la mère du mineur, ou le conseil de famille qui font la nomination, parcequ'ils n'ont par devers eux aucun moyen coërcitif, et que le juge de paix qui préside à la délibération ne saurait s'arroger un droit que les parens réunis n'ont pas eux-mêmes. Il en est autrement lorsque c'est un tribunal qui détermine la curatelle; car la loi l'autorise, sinon expressément, du moins d'une manière implicite, à exiger le serment des préposés qu'il nomme.

286. Dans beaucoup de localités, les curateurs n'entrent jamais en fonctions sans prestation de serment préalable. C'est ordinairement un avoué, un notaire qu'on désigne; et ces officiers, présens au palais, s'empressent, ne serait-ce que par soumission aux ordres du magistrat qui les fait avertir, de se présenter à la chambre du conseil, avant ou après l'audience, pour y affirmer qu'ils rempliront en leur âme et

conscience le mandat qui leur a été départi. Cela tient lieu d'acceptation de leur part, et le jugement même de nomination qui les mentionne simplifie les frais. Mais nous n'hésitons pas à penser que c'est là une formalité inutile, dont l'omission ne peut en aucun cas vicier la nomination. Delvincourt, *Cours de Code civil*, t. 2, p. 35, n° 6; Favard de Langlade, *Rép. de Législ.*, v° *Curateur*, n° 4; Bordeaux, 4 avril 1809; D. Alph., t. 12, p. 396, n° 2.

287. Comme administrateur, tout curateur doit accomplir la mission dont il est investi avec sagesse, discernement et activité, en bon père de famille, sans se rendre coupable de négligence, de faute grave ou de dol. La loi s'en réfère, à ce sujet, aux principes généraux. Il n'y a que pour le curateur à la succession vacante, qu'une disposition formelle trace les devoirs et obligations, ainsi que nous l'avons vu ci-dessus, n° 247 et suiv.

288. Quant à la responsabilité des curateurs, elle prend sa source dans la disposition des art. 1382 et 1383 du c. civil.

Mais elle est confirmée par ces termes de l'art. 132 du c. proc. civ. : « Les tuteurs, curateurs, héritiers bénéficiaires ou autres administrateurs, qui auront compromis les intérêts de leur administration, pourront être condamnés aux dépens, en leur nom personnel et sans répétition, même aux dommages-intérêts, s'il y a lieu. »

289. Toutefois, il n'est pas possible d'établir, pour l'application de cette disposition, des règles fixes et uniformes : les tribunaux sont appelés à vérifier les faits de responsabilité, à apprécier les circonstances, à graduer les divers genres de fautes dont le curateur poursuivi peut s'être rendu coupable. Quelle que soit la solution, il n'est guère permis de la critiquer sous le rapport légal, à moins que, reconnaissant la culpabilité, le juge ne refuse de prononcer la pénalité. Par la même raison il ne saurait soumettre à une peine sans indiquer suffisamment le motif de la responsabilité. Bioche et Goujet, *Dict. de proc. civ.*, v° *Dépens*, n° 44 ; Carré, *L. de la proc.*

civ., *quest.* 562; Cass., 2 févr. 1831; Sirey, 31-1-351.

290. L'art. 132 du code proc. civ., en posant le principe de la responsabilité pour dépens et dommages, ajoute : « Saus préjudice de la destitution contre les tuteurs et autres, suivant la gravité des circonstances. » Nul doute dès lors qu'un curateur, compris dans la généralité des termes, ne soit destituable pour méfaits. C'est un principe que celui qui nomme doit avoir le pouvoir de destituer. Mais une destitution ne doit jamais être arbitraire, soit que le juge la prononce, soit qu'elle émane du conseil de famille. « Toute délibération, dit l'art. 447, qui prononcera la destitution du tuteur (et nous dirons, par analogie, du curateur) sera motivée, et ne pourra être prise qu'après l'avoir entendu ou appelé. » Voir ci-dessus chap. 2.

291. Un procès engagé de bonne foi, sur l'avis donné par un conseil, ne saurait compromettre le curateur. Rennes, 11 août 1813; D. A., t. 9, 657.

292. Une dernière voie de recours est la contrainte par corps. Il résulte de l'art. 2060, n° 4, qu'elle a lieu pour la représentation des choses déposées aux séquestres, commissaires et autres gardiens. Ne voudrait-on pas comprendre un curateur dans cette catégorie, quoiqu'il soit bien le plus ordinairement commissaire à la poursuite, à la gestion qu'il exerce, et préposé à la garde, à la conservation des biens et droits d'autrui, que la condamnation trouverait sa base dans l'art. 126 du c. proc. civ., où l'on voit qu'il est laissé à la prudence des juges de la prononcer, « pour reliquats de comptes de tutelle, curatelle, ou de toute administration confiée par justice, et pour toutes les restitutions à faire par suite desdits comptes, » pourvu qu'il s'agisse d'une somme supérieure à 300 francs. Carré, *L. de la proc. civ., quest.* 536; voir aussi notre RÉPERT. DE LA SCIENCE DES JUGES DE PAIX, v° *Contrainte par corps*, § 1.

293. Lorsque le curateur n'est pas membre de la famille, on lui alloue un honoraire analogue aux soins qu'il s'est donnés.

Cet honoraire, ainsi que les dépenses qu'il a faites, doivent lui être restituées.

294. En considérant le curateur comme administrateur, on le place sous l'empire de l'art. 2101, qui accorde un privilége pour le recouvrement des frais de justice, privilége qui s'exerce soit sur les meubles, soit sur les immeubles ; voulût-on n'en faire qu'un gardien, on lui attribue le privilége de l'art. 2102, § 3, en l'autorisant à réclamer les frais faits pour la conservation de la chose qui lui a été confiée. Si l'on fait du curateur un simple comptable, les art. 532 et 533 du c. proc. civ., l'autorisent à porter en ligne de compte tout ce qu'il a reçu, tout ce qu'il a dépensé, plus les frais qu'il a faits, jusque et comprise l'affirmation du compte : d'où il suit qu'il doit absolument être relevé indemne.

295. Enfin la qualité de mandataire, que l'on ne peut refuser au curateur qui administre, lui donne encore le droit de réclamer l'intérêt de ses avances, à dater du jour qu'il les a faites. C. civ., 2001.

CHAPITRE XII.

Des honoraires dus aux juges de paix et aux greffiers des justices de paix pour assistance aux conseils de famille.

296. Il est accordé au juge de paix, pour assistance à tout conseil de famille,

À Paris. . . . . 5 fr.

Dans les villes où il y a tribunal de première instance. . 3 fr. 75 c.

Dans les autres villes et cantons ruraux. . . . . . . 2 fr. 50 c.

297. Le juge de paix ne peut jamais prendre plus de deux vacations. Ce magistrat est le seul juge appréciateur du cas où il a jugé convenable de s'attribuer le maximum de la taxe que lui alloue le tarif, pour assistance à un conseil de famille,

et le président du tribunal n'aurait pas le droit de lui en supprimer une. Victor Fons, *Tarif*, 1re part., p. 15.

298. Toute vacation commencée est réputée accomplie; ainsi lorsqu'une opération dure plus de trois heures, sans qu'il y ait deux vacations complètes, quatre heures, par exemple, le juge de paix peut avoir droit à deux vacations. *Tarif*, art. 1. V. ANNALES, vol. de 1837, p. 84.

299. De ce que l'art. 4 du tarif se borne à citer l'art. 406 du code civil, il ne s'ensuit nullement que les droits de vacations ne soient dus que pour les actes énoncés dans cet article; ils sont dus pour l'assistance du juge de paix à *tout* conseil de famille.

Ainsi l'art. 4 du tarif s'applique : lorsque le conseil de famille délibère sur la nomination des tuteurs, subrogés-tuteurs, co-tuteurs et curateurs (c. civ., 395, 405, 480); leur destitution ou leur exclusion (*ib.* 446); la tutelle officieuse (*ibid.* 361); la confirmation du tuteur élu par la mère remariée qui a été maintenue dans la tutelle (*ib.* 400);

la fixation des dépenses du mineur et les frais d'administration (*ibid.* 454); l'obligation d'employer l'excédent des revenus (*ibid.* 455); l'autorisation à donner au tuteur pour prendre à ferme ou acheter les biens du mineurs (*ibid.* 450); aliéner ou hypothéquer les mêmes biens (*ibid.* 457, et L. 2 juin 1841, art. 3); accepter ou répudier les successions ou donations (c. civ., 461, 463); introduire une action relative aux droits immobiliers du mineur, ou y acquiescer (*ibid.* 464); provoquer un partage (*ibid.* 465, 817); transiger (*ibid.* 467); faire détenir le mineur par voie de correction (*ibid.* 468); l'émancipation (*ibid.* 478); la révocation de l'émancipation (*ibid.* 485); la réduction de l'hypothèque légale du mineur ou de la femme (*ib.* 2141, 2143, 2144); le consentement, avis ou autorisation pour les mariages des mineurs (*ibid.* 160); l'opposition à y former (*ibid.* 175); l'interdiction (*ib.* 494); la nomination d'un conseil judiciaire (*ibid.* 514); la manière de régler les conventions matrimoniales des enfans d'un interdit (*ibid.* 513); la nomination d'un administrateur provisoire aux biens de toute personne non interdite, placée dans un établissement d'aliénés (L. 30 juin 1838, art. 32); enfin sur tous les actes qui ne sont pas d'une administration ordinaire. Victor Fons, *Tarif*, p. 15.

C'est ainsi qu'il est dû une vacation au juge de paix et au greffier pour assistance au conseil de famille qui nomme un curateur à un émancipé, ou qui émancipe un mineur âgé de dix-huit ans, resté sans père ni mère.

En présence de l'art. 4 du tarif qui établit d'une manière aussi positive les droits du juge de paix, et de l'art. 16, qui fixe d'une manière non moins certaine ceux du greffier, aucun doute à cet égard ne peut s'élever sur l'application des articles précités du tarif. Dans l'émancipation d'un mineur, faite par son tuteur légal, il faut bien soigneusement distinguer deux choses : 1° la déclaration de ce tuteur, que reçoit le juge de paix, assisté de son greffier, conformément à l'art. 477 du code civ., et 2° la nomination du curateur par le conseil de famille. Ce sont là deux opérations bien distinctes qui peuvent être faites dans la même séance, mais qui peuvent l'être aussi à un intervalle plus ou moins éloigné; par conséquent elles donnent lieu à deux actes séparés, pour lesquels le juge et son greffier doivent percevoir des émolumens distincts. Lorsque l'émancipation est provoquée par le conseil de famille, et prononcée par le juge de paix comme président de ce conseil, ou bien le curateur sera nommé séance tenante, ou bien dans une réunion ultérieure; dans le premier cas, on peut dire que les deux délibérations se confondent, qu'en réalité il n'y a eu qu'une seule assemblée de parens, et qu'il n'est pas dû un double émolument au juge pour son assistance à un seul conseil de famille; cependant nous pensons que si la délibération a été longue, le juge peut prendre deux vacations, ainsi que cela lui est permis, d'après l'observation même placée à la fin de l'art. 4.

300. L'art. 16 du décret de 1807, § 1er, accorde aux greffiers, pour assistance aux

conseils de famille, les deux tiers de l'allo-
cation accordée aux juges de paix, c'est à
dire à Paris. . . . . 3 fr. 33 c.

Dans les villes où il y a tribunal de première instance. . 2 fr. 50 c.

Dans les autres villes et cantons ruraux . . . . 1 fr. 66 c.
Sans qu'ils puissent, dans aucun cas, réclamer plus de deux vacations par chaque
conseil. Décret, 1807, art. 4.

301. Néanmoins, lorsque par suite d'incidens étrangers au juge de paix et au
greffier, il a été sursis plusieurs fois à une
délibération commencée, il nous semble
que des honoraires ne peuvent être refusés
au greffier et au juge de paix, et c'est le
cas de décider avec la cour de cassation
que lorsqu'un acte ou opération ont pris
un temps, un travail excédant celui que le
juge de paix et le greffier devaient y employer en se conformant aux devoirs de
leur état, il leur est dû une somme d'honoraires proportionnée à ce surcroît de
travail, s'ils ont agi en vertu d'une réquisition formelle des parties. Cass., 7 mai 1823.

302. Mais le greffier ne pourrait exiger une vacation de plus que le juge de paix, sous prétexte qu'il aurait passé plus de temps que ce dernier, qu'il se serait employé à indiquer d'avance les formalités à remplir, le nombre de patentes nécessaires; car, d'après l'article 16 du tarif, « il doit être alloué au greffier *les deux tiers de vacation du juge de paix* pour assistance aux conseils de familles. » Il nous semble résulter de ce texte que le greffier n'a droit à cette vacation que pour le temps pendant lequel *il assiste au conseil de famille*, pour lequel la présence du juge de paix est indispensable, et qu'on ne doit considérer comme *assistance au conseil de famille*, pouvant donner lieu à des vacations, que celle qui a lieu lorsque le conseil est formé, lorsque l'on a pris séance et que le greffier ne pourrait, au moins en vertu du tarif, réclamer des vacations pour tout ce qu'il ferait en dehors de la séance et avant qu'elle fût ouverte; mais, d'un autre côté, comme le greffier n'est pas tenu d'employer son temps à indiquer d'avance

aux parties les formalités qu'elles ont à remplir, il est sans doute dans l'esprit et dans l'institution des justices de paix de procurer aux parties, à moins de frais possibles, tous les renseignemens qui leur sont nécessaires sur ce point; cependant on ne peut exiger d'un greffier qu'il prépare le travail avec les parties, qu'il les dirige, qu'il les éclaire, qu'il accomplisse l'office d'un conseil, qu'il dépense un temps appréciable, et tout cela gratuitement; nous pensons qu'il pourra se faire honorer en sus de ses vacations, s'il a donné des soins extraordinaires aux préliminaires d'un conseil de famille; non pas qu'il ait droit de faire taxer, d'exiger même par voie de contrainte des honoraires; mais en s'entendant à l'avance avec les parties, il trouvera la juste indemnité de ses soins et de l'emploi de son temps. ANNALES, vol. de 1842, p. 299 et suiv.

303. Les frais occasionnés pour la convocation du conseil de famille doivent être avancés par la personne qui a le droit de faire cette convocation, ou par le juge de

paix, s'il l'a lui-même convoqué d'office. Ces frais sont ensuite remboursés sur les biens des mineurs ou par ceux dans l'intérêt desquels les conseils de famille ont eu lieu.

304. S'il arrive que les mineurs ou ceux qui ont provoqué la convocation du conseil de famille sont pauvres, nous pensons, avec M. Bousquet, que les frais doivent être supportés par le plus proche parent. On n'entend parler ici, dit ce jurisconsulte, que des frais les plus indispensables, tels que le papier timbré, les frais d'huissier, les droits d'enregistrement, etc.; les juges de paix font toujours l'abandon de leurs vacations quand il s'agit de protéger des personnes, on ne dit pas qui n'ont rien, mais qui sont pauvres. Il ne serait pas juste qu'un créancier ou qu'un juge de paix, qui peut souvent être dans le cas de faire de pareilles convocations, fût exposé à payer ces frais, qui, suivant les circonstances, peuvent être de quelque importance.

CHAPITRE XIII.

Enregistrement.

305. Les cédules des juges de paix pour composer et convoquer un conseil de famille, soit qu'elles soient délivrées sur la réquisition d'un parent ou d'un tuteur, soit que les magistrats les délivre d'office, ne sont assujetties à aucun droit d'enregistrement, mais elles doivent être écrites sur du papier timbré ; les notifications qui en sont faites par un huissier doivent le même droit que les citations, c'est à dire un franc et le décime en sus.

306. Les avis ou délibérations de parens, réunis au conseil de famille, contenant des nominations de tuteur, de subrogé-tuteur, de curateur, ou des autorisations de diverses sortes, des exclusions, des destitu-

tions de tuteurs, enfin les délibérations qui peuvent être prises dans les cas des nombreuses attributions des conseils de famille, que nous avons rapportées au chapitre cinquième, excepté les émancipations, sont assujetties au droit fixe de 2 francs, non compris le décime pour franc. LL. 22 frimaire an 7, art. 68, § 1 et 2, 28 avril 1810, art. 45.

307. Quant aux émancipations, le droit d'enregistrement est de 5 fr. 50, décimes compris. (Même loi, art. 68, § 5 n° 2.) Néanmoins, s'il y a plusieurs mineurs émancipés par le même acte, il est dû le même droit pour chacun. Ce droit est exigible aussi bien pour l'émancipation conférée par les père et mère que pour celle qui est accordée par le conseil de famille. Mais lorsque la première est immédiatement suivie de la nomination d'un curateur à l'émancipé, il n'est dû aucun droit pour cette nomination, quoiqu'elle soit faite par les conseils de famille.

308. La délibération de ce conseil, qui fixe les dépenses et honoraires du tuteur,

n'est passible que d'un droit simple de 2 fr. et non d'un droit proportionnel, attendu que ce réglement rentre dans celui de la dépense annuelle du mineur, qui doit avoir lieu à l'entrée en exercice de toute tutelle. Ainsi l'a décidé le ministre des finances.

Cette décision est sage, car les droits accordés à un tuteur ne constituent pas une créance obligatoire pure et simple, ces droits étant soumis aux effets et à la compensation du compte de la gestion de la tutelle.

309. Mais il est plusieurs autres délibérations du conseil de famille qui sont sujettes à des droits proportionnels, ce sont celles qui ne sont pas pures et simples et qui contiennent des conventions, des engagemens, des autorisations assimilées à des obligations. Par exemple, la délibération qui permet au tuteur de retenir le reliquat de son compte, après l'émancipation, à la charge d'en payer intérêt et de fournir une hypothèque où une caution pour la garantie du reliquat, est soumise au droit de un pour cent. Cass. 13 septembre 1820.

Par exemple encore, la délibération qui autorise le tuteur à employer pour la nourriture et l'entretien des mineurs la totalité des revenus, sans être tenu à en rendre compte, peut être passible de cinq et demi pour cent, étant dans le cas d'être considérée comme une cession des revenus des mineurs pendant dix ans. Décision du ministre des finances du 9 mars 1818.

Pour connaître ces droits proportionnels et les divers cas d'applications, voir les §§ 1ᵉʳ, 2, 3, 4, 5, 6, 7 et 8 de l'art. 69 de la loi du 22 frimaire an 7 et les art. 50, 51, 52, 53 et suivans de la loi du 28 avril 1816. Voir aussi les lois du 15 mai 1818 et 16 juin 1824, qui modifient plusieurs droits proportionnels d'enregistrement.

310. L'autorisation d'un conseil de famille donnée au tuteur pour consentir à l'enrôlement volontaire de son mineur, est exempte des droits de l'enregistrement, et les expéditions qui en sont délivrées sont dispensées du timbre, pourvu toutefois que le juge ou le greffier, énonce sur la minute et l'expédition de l'acte, et la desti-

nation ou le but de la délibération. Décision du ministre des finances du 9 nov. 1832.

311. Les jugemens prononçant l'interdiction sont passibles du droit fixe de 15 f., lorsqu'ils sont rendus par les tribunaux de première instance; le droit est de 25 fr. sur l'arrêt de la cour royale qui prononce l'interdiction. LL. 22 frim. an 7, art. 68, § 6, n° 2, et 28 avril 1816, art. 17.

312. Les certificats constatant que les jugemens d'interdiction et de nomination du conseil ont été affichés, conformément aux art. 501 du code civil et 897 du code de proc. civile, peuvent sans contravention être écrits sur les expéditions des jugemens, et ne sont pas sujets à l'enregistrement, parcequ'ils ne sont considérés que comme de simples formalités. Décision du ministre des finances, 22 juin 1807, 2602.

313. Les actes relatifs aux poursuites en interdiction suivies d'office par le ministère public doivent être visés pour timbre et enregistrés en débet. L. 22 frim. an 7; ord. 22 mai 1816.

CHAPITRE XIV.

Du conseil judiciaire. — Des personnes auxquelles il peut être nommé un conseil judiciaire. — Qui peut provoquer la nomination et forme de cette nomination. — Effet du jugement de nomination d'un conseil judiciaire. — Réhabilitation.

§ Ier *Des personnes auxquelles il peut être nommé un conseil judiciaire.*

314. Le conseil judiciaire est un surveillant imposé par la justice à celui qui, par suite de prodigalité, de faiblesse d'esprit ou autre cause analogue, est hors d'état de régir convenablement ses affaires. C. civ. 499 et 513.

315. Plusieurs circontances peuvent nécessiter la nomination d'un conseil judiciaire.

Lorsqu'un homme, sans être absolument en démence, est néanmoins trop faible de caractère et de raison pour diriger seul ses affaires, et qu'il se trouve par là exposé à des surprises ou entraîné à des actes susceptibles de consommer sa ruine, il doit être pourvu d'un conseil judiciaire. Merlin, *Rép.*, v°. *Cons. jud.* ; Toullier, n° 1368 ; Paris, 4 mai 1825.

316. Mais à cet égard nous devons faire remarquer que quelques erreurs commises, par exemple, le mauvais choix d'un mandataire ne pourraient, de même que des faits isolés et intermittens, sans suite caractéristique du vice reproché, être considérés comme suffisans pour entraîner la dation du conseil. Angers, 10 prairial an 13 ; Aix, 14 février, et Besançon, 9 avril 1808 ; Sirey, t. 6-2-396 ; t. 8-2-315 et t. 9-2-158.

317. La prodigalité est une autre cause et même la cause la plus ordinaire de la dation d'un conseil judiciaire. (C. civ. 513). Mais qu'est-ce que prodigalité ? On peut, d'après M. Toullier, t. 2, n° 1370, consi-

dérer comme prodigue celui qui ne met ni frein ni mesure à ses dépenses, qui dissipe son bien en profusions que les gens sensés qualifient de folie. Ainsi, celui qui chaque jour dépense inutilement des sommes excessives ou consume son bien en procès ruineux, qui s'obère au point de vendre son patrimoine, est nécessairement un prodigue. Metz, 22 février 1812 ; Turin, 20 février 1807 ; D. A., t. 9, p. 570.

318. A ces causes de dation judiciaire on doit joindre, d'après quelques auteurs, le mutisme de naissance, lorsque le sourd-muet n'a reçu aucune instruction. Cette opinion s'étaie de l'art. 936 du C. civ. au titre *des Donations entrevifs*, où l'on voit que lorsque le sourd-muet sait écrire, il peut accepter une donation, soit par lui-même, soit par un fondé de pouvoir, mais qu'il doit être assisté soit par un curateur nommé à cet effet, d'où la conséquence que, dans ce dernier cas, le législateur, a jugé qu'il y avait trop d'incertitude sur le degré d'intelligence de l'homme pour qu'on lui permît de se diriger par lui-même. *Sic,*

Lyon, 14 janvier 1812; D. A., t. 9, p. 530.

319. Jugé encore dans ce sens que le sourd-muet qui donne des marques d'intelligence, bien qu'il ne sache ni lire ni écrire, ne doit pas être interdit; qu'il suffit de le pourvoir d'un conseil judiciaire. Lyon, 14 janvier 1812; D. P., t. 9, p. 530; Rouen, 14 mai 1842.

320. La disposition du droit romain qui ordonnait l'interdiction de plein droit des sourds-muets est inapplicable au droit actuel; car l'art. 489 du code civil ne permettant l'interdiction que pour fureur, démence ou imbécillité, il est clair même que le sourd-muet de naissance ne pourrait être interdit qu'autant que, par l'effet de la privation des organes de l'ouïe et de la parole, il se trouverait réduit à la condition d'un imbécile. Magnin, *des Minorités*, t. 1er, p. 454; ANNALES, vol. de 1842, p. 314.

321. Lorsqu'il est constant qu'un individu, à raison de son grand âge, a éprouvé un affaiblissement de mémoire considérable, et que d'un autre côté il résulte de

la procédure et des actes les plus récens faits par lui, qu'il a conservé son bon sens et sa raison, les tribunaux, au lieu de recourir à son égard à la mesure extrême de l'interdiction, doivent se contenter de lui nommer un conseil judiciaire. Lyon, 2 prairial an 12; D. P., 2-521.

Une faiblesse d'esprit naturelle, jointe à des attaques accidentelles d'épilepsie, ne peut également qu'autoriser la nomination d'un conseil judiciaire. Colmar, 2 prairial an 13; D. P., 2-521.

322. Pour arrêter le prodigue il ne faut pas attendre que sa fortune soit dissipée; le remède viendrait trop tard. Ainsi, quoique protégé par la tutelle, le mineur peut être placé sous la dépendance d'un conseil judiciaire. Tout démontre en effet que si le mineur, dans l'âge le plus tendre, n'a pas à redouter à l'instant sa faiblesse d'esprit ou la prodigalité, l'une ou l'autre lui offrent un péril bien grand, lorsque, parvenu à l'âge où il a la faculté de tester, ou se trouvant à la veille de devenir majeur, il est exposé à des surprises qui ten-

dent à compromettre son existence. D. A., v° *Interdiction*, section 1ʳᵉ, art. 1ᵉʳ, n° 2 ; Delvincourt, *Cours du Code civ.*, tom. 1, p. 319 ; Duranton, *Cours du Droit français*, tom. 3, n° 716 ; Pigeau, *Traité de la Proc. civ.*, tom. 2, p. 484 ; Proudhon, *Droit français*, tom. 2, p. 313; et Toullier, *Cour du Droit civ.*, tom. 2, p. 1314. *Voir* aussi dans ce sens, Metz, 30 août 1823.

323. La femme mariée, qu'elle soit ou non séparée de bien de son mari, peut être pourvue d'un conseil judiciaire à raison de sa prodigalité. On dirait en vain que la dation d'un conseil judiciaire à la femme est une atteinte illégale aux droits que confère la puissance maritale, et même qu'elle est inutile par l'effet de cette puissance. C. civ., 490, 514, 215, 217, 1388 ; Cass., 4 juillet 1838 ; ANNALES, t. 5, p. 275.

§ 2. *Qui peut provoquer la nomination du conseil judiciaire et forme de cette nomination.*

324. « La défense de procéder sans l'assistance d'un conseil, dit l'art. 514, peut être provoquée par ceux qui ont le droit de demander l'interdiction. » Or il résulte de l'art. 490, qui s'est occupé de la matière, que tout parent, même l'un des époux, est recevable à l'égard de l'autre à introduire l'action. Quand même le demandeur serait étranger à la France, il aurait cette prérogative, puisqu'il suffit de la parenté, et que le législateur n'a fait aucune distinction. D. A., v° *Interdiction*, sect. 1re, art. 2, n° 6.

325. En renvoyant, pour la dation du conseil, au titre de l'interdiction, l'art. 513 semble avoir donné au ministère public le droit de poursuivre la dation du conseil judiciaire ; car l'article 491, qui se trouve compris dans le titre auquel il a été renvoyé, continue par ces mots. « Dans le cas de fureur, si l'interdiction n'est provoquée ni par l'époux ni par les parens, elle doit l'être par le procureur du roi, qui, dans le cas d'imbécillité ou de démence, peut aussi le provoquer contre un individu qui n'a ni époux, ni épouse, ni parens con-

nus. » Nous ne pensons pas cependant que la demande èn nomination de conseil puisse être intentée d'office : elle diffère de l'interdiction proprement dite, en ce qu'elle ne tient pas à l'ordre public, et qu'elle est bornée à de simple intérêts civils. Besançon, 25 août 1810 ; D. A., t. 9, p. 531 ; et Sirey, t. 11-2-336.

326. Les parens sont intéressés à prévenir la dilapidation des biens qu'ils ont en perspective, et c'est ce qui constitue leur qualité ; quant aux alliés, ne succédant point, ils n'ont pas un intérêt reconnu à la dation du conseil, et ils ne peuvent la provoquer. Paris, 25 mars 1835 ; D. A., 35-2-16, et Sirey, t. 35-2-342.

327. Sur ce point il existe cependant une exception en faveur de l'épouse et de l'époux ; mais, d'après quelques auteurs, ce dernier ne pourrait même pas formuler la demande en son nom, quoiqu'il eût, à raison du régime sous lequel il s'est marié, l'initiative des actions de sa femme ; il faudrait qu'il la poursuivît au nom de celle-ci, avec son concours, où comme man-

dataire. Le motif prédominant de cette opinion est, que l'action en dation de conseil n'est pas purement relative aux biens de la femme, héritière présomptive, dont le mari a l'administration. D. A., v° *Interdiction*, sect. 1re, art. 2 n° 2; Durant., *Cours du Droit français*, t. 3, n° 718; Thomine-Desmasures. *Proc. civ.*, n° 1048; et Toullier, t. 2, n° 1317.

328. Jugé que le mari est admissible à provoquer contre sa femme la nomination d'un conseil judiciaire lorsqu'elle n'est que séparée de biens. Montpellier, 14 décembre 1841.

329. Il est certain que soit qu'il s'agisse de la dation d'un conseil judiciaire, la loi ne distingue pas la femme mariée ou séparée de biens; les art. 489, 499 et 513, c. civ., contiennent des dispositions générales applicables à la femme comme à tout autre majeur; l'art. 506 même prouve évidemment que la demande en interdiction peut être formée contre la femme mariée, puisque, d'après ses termes, le mari est tuteur de droit de sa femme inter-

dite. Or la demande en conseil judiciaire peut être formée pour des causes de même nature que celles qui donnent lieu à l'interdiction, mais dont le caractère est moins grave. En effet, d'après l'art. 499, en rejetant la demande en interdiction, le tribunal peut pourvoir la personne contre qui on la provoquée d'un conseil judiciaire sans lequel certains actes lui seront interdits, et cette disposition doit être prise si les circonstances l'exigent. Ainsi les causes qui servent de fondement aux deux actions sont du même ordre, quoique différentes dans leur gravité; les personnes qui en peuvent être l'objet, et celles qui peuvent les intenter, sont aussi les mêmes par rapport à l'une comme par rapport à l'autre. Telle est aussi la disposition de l'art. 514, qui veut que la demande du conseil judiciaire, pour cause de prodigalité, puisse être formée par les mêmes personnes, et doive être instruite et jugée de la même manière que la demande en interdiction.

330. Le prodigue, le faible d'esprit, le sourd-muet, sont recevables à conclure

pour eux-mêmes à la dation de ce conseil. Nous voyons quelquefois le mal qui nous menace, et nous ne nous croyons pas assez forts pour lui résister en face, il doit nous être permis de nous retrancher derrière un appui. Toullier, *Cours de Droit civil*, t. 2, n° 1373.

A cela on a objecté que l'assistance du conseil judiciaire modifie la capacité civile; qu'elle occasionne ce que la loi romaine appelait *capitis diminutio*, et qu'il y a changement d'état; d'où la conséquence qu'il ne peut dépendre de la volonté spontanée d'un citoyen d'arriver sans entraves à cette extrémité. « Le projet du code avait, continue-t-on, un chapitre intitulé : *Conseil volontaire*, d'après lequel le majeur, qui se sentait incapable d'administrer ses biens, pouvait solliciter qu'il lui fût choisi judiciairement un conseil; mais il a été supprimé. C'est ce qui prouve qu'on l'a trouvé incompatible. » D. Alph., v° *Interdiction*, sect. 2, n° 4, et Duranton, t. 3, n° 804.

La cour de cassation a aussi, le 7 septembre 1808, annulé un jugement homologatif d'une interdiction requise par celui-là même qui en était l'objet. Toutefois l'arrêt est moins contraire à notre opinion qu'il le paraît ; dans l'espèce, il y avait eu et demande en dation de conseil et désignation du seul conseil qu'on voulût accepter ; c'était se soumettre, comme on le voit, à la direction d'un mandataire irrévocable, lui transporter sa propre capacité, et le juge, qui ne fit que sanctionner un acte d'accord préexistant, passé entre le mari et la femme, acte par lequel cette dernière devenait le conseil de son mari, transgressa évidemment la volonté du législateur. D. Alph., p. 534, n° 1, et Sirey, t 8-1-468.

331. Un tuteur, qu'il soit parent ou non de celui qu'il s'agit de faire pourvoir de conseil, a incontestablement qualité, si son pupille est lui-même parent ou allié. L'article 450 du code civil veut que le tuteur prenne soin du mineur, et qu'il le représente dans tous les actes de la vie civile. Or cette locution, *tous les actes*, est générique ; elle n'en excepte aucun. Ainsi il

n'est pas douteux qu'un tuteur, qui n'est que l'image du parent, de l'allié dont il a la tutelle, ne puisse introduire l'action en justice, parceque le mineur ne peut être privé d'un recours que le majeur est libre d'exercer. Bruxelles, 15 mai 1807; Sirey, 7-2-706; *Contra* Delvincourt, t. 1, p. 322.

332. Toutefois le droit de poursuivre la dation du conseil judiciaire ne peut être exercé par les créanciers des parens qui négligeraient de former eux-mêmes la demande; à la vérité l'art. 1066 permet à un créancier d'exercer tous les droits et actions de son débiteur, mais il ne le peut qu'à l'exception de ceux qui sont attachés à la personne. Or, celui dont il s'agit, quoique réel sous quelques rapports, ainsi que nous l'avons dit ci-dessus n° 326, nous paraît être plus personnel que réel, voir encore ci-dessus n° 327.

333. En énonçant que cette demande doit être instruite et jugée comme la demande en interdiction, l'art. 514 se réfère à l'art. 492, qui exige qu'elle soit portée devant le tribunal de première instance.

L'art. 890 du code de procédure civile reproduit la disposition attributive, mais n'explique rien et laisse tout dans le vague. De là nous devons induire que le législateur a voulu s'en tenir au droit commun.

334. L'art. 514 du code civil ajoute que la nomination peut être faite d'office par les juges, lorsque, sur une demande d'interdiction, ils ne trouvent pas de motifs suffisans pour prononcer une interdiction complète. C. civ., 499.

335. Les parties intéressées qui ont qualité pour provoquer l'interdiction d'un individu peuvent, par action principale, réclamer qu'il lui soit nommé un conseil judiciaire. En effet, l'art. 499 du code civ. en autorisant les tribunaux à nommer, suivant les circonstances, un conseil judiciaire, ou bien de prononcer l'interdiction, a évidemment autorisé les parties intéressées à ne réclamer par action principale que cette dernière mesure, parceque, lorsque la loi a investi le magistrat du pouvoir de statuer, elle a, par voie de conséquence nécessaire,

donné à la partie qui a intérêt la faculté de réclamer. Agen, 4 mai 1836.

336. Jugé que la nomination d'un conseil judiciaire prononcée contre un mineur qui n'a subi aucun interrogatoire, et qui ne figurait pas personnellement dans l'instance, mais qui y a été seulement représenté par son subrogé-tuteur, est nulle comme irrégulière. Nîmes, 22 avril 1839.

Cette décision est fondée sur la combinaison des art. 496 et 514 du code civil. On ne saurait douter que le prodigue ne doive nécessairement figurer en personne comme défendeur dans une instance où il s'agit de lui nommer un conseil judiciaire, ou qu'il ne doive du moins y être appelé pour subir l'interrogatoire qui forme une des formalités substantielles de toute procédure en interdiction ou en nomination d'un conseil. Procéder autrement ce serait exposer le mineur parvenu à sa majorité à se trouver incapable sans le savoir et à induire les tiers en des erreurs désastreuses.

337. Les tribunaux nomment ordinaire-

ment pour conseil judiciaire des magistrats, des jurisconsultes, des notaires, des avoués ou d'autres personnes éclairées.

338. Les personnes nommées conseils judiciaires n'ayant aucune administration, et leurs fonctions se bornant à donner des avis, elles ne sont comptables de rien, ni assujetties à aucune responsabilité. Toull., n° 1377.

339. Le conseil judiciaire peut se composer d'une ou plusieurs personnes. Si le jugement ne porte qu'elles sont nommées pour agir l'une à défaut de l'autre, l'avis de toutes devient nécessaire pour les actes qui requièrent l'assistance du conseil; si elles ont été nommées pour agir l'une à défaut de l'autre, il faut s'adresser de préférence à la première nommée, et ne s'adresser aux autres qu'en cas d'empêchement de la première. *Ibid.*

§ 3. *Effet du jugement de nomination du conseil judiciaire.* — *Ses attributions.*

340. Les seuls actes pour lesquels l'assistance du conseil est nécessaire sont les suivans : plaider, transiger, emprunter, recevoir un capital mobilier, en donner décharge, aliéner, grever ses biens d'hypothèques. (c. civ. 499 et 513.) Le pourvu de conseil demeure libre à l'égard de tous autres, et les tribunaux ne pourraient, sans excéder leurs pouvoirs, déférer à l'assistance du conseil nommé les actes que la loi n'y a point assujettis. D. A., v° *Interdiction*, sect. 2, n° 9; Duranton, *Cours de Droit français*, t. 3, n° 799, et Toullier, *Cours de Droit civil*, t. 2, n° 1378.

341. Ainsi un individu pourvu de conseil a pu, sans requérir concours, doter un de ses enfans, parceque c'est là l'exécution d'une obligation naturelle. Pau, 25 juin 1806; D. A., t. 9, p. 570 et Sirey, t. 12-2-387.

342. Ainsi le conseil n'est pas non plus un

obstacle à ce que le citoyen soumis à sa direction, reconnaisse un enfant naturel et lui attribue toutes les prérogatives qui s'attachent à une telle filiation. Douai, 23 janvier 1819; D. A. , t. 8, p. 649 et Sirey, t. 20-2-101.

343. Ainsi la constitution d'une rente viagère pour services rendus peut être obligatoire, quoique le conseil n'ait pas assisté à l'acte, parcequ'on ne saurait en inférer une aliénation proprement dite, lors surtout qu'il existe un juste équivalent. Paris, 12 déc. 1835; ANNALES, t. 3, p. 266.

344. Ainsi les prescriptions commencées avant l'imposition du conseil n'interrompent pas leurs cours, et les déchéances continuent de même sans aucune dénonciation au conseil nommé, telle que le droit d'interjeter appel d'un jugement préexistant. Paris, 2 janvier 1836; ANNALES, t. 3, p. 116.

345. Ainsi, puisque le conseil judiciaire n'est imposé que pour prévenir et empêcher la dilapidation du patrimoine du pro-

digue, nul doute que celui-ci n'ait la faculté de disposer de ses biens par testament, sauf, s'il s'agissait de faible d'esprit, l'application de l'art. 901, qui exige que le testateur ait l'usage de sa raison pour pouvoir faire une libéralité. D. A., v° *Interdiction*, sect. 2, n° 9, et Cass., 17 mars 1813; Sirey, t. 13-1-393.

346. Ainsi, du principe qu'il n'y a que les actes prévus par les art. 449 et 513 qui soient soumis à l'influence du conseil, découle la conclusion que le mariage en est excepté. Il est certain que le majeur ne peut, à raison de cet acte, être frappé que des incapacités légales, lorqu'elles sont positives. Le mariage est plutôt un contrat de droit naturel qu'une stipulation civile, et ce qui le prouve c'est qu'aux termes de l'art. 25 du c. civ., le mort civilement peut se marier.

347. La seule difficulté consiste à savoir si le conseil judiciaire doit ou non être présent aux conventions civiles du mariage? Il faut cette présence pour la validité des clauses qui ont le caractère

d'aliénation actuelle de tout ou partie des biens de l'époux qui a été placé sous la direction de ce conseil; mais le réglement des gains de survie, une donation à cause de mort, en sont dispensés. D. A., v° *Interdiction*, sect. 2, n° 10; Duranton, t. 3, n° 800; Merlin, *Rép. de Jurisp.* v° *Prodigue*, § 5, et Toullier, t. 2, n° 1379.

348. L'individu pourvu d'un conseil judiciaire peut bien contracter mariage sans son assistance; mais il ne s'ensuit pas que s'il se rencontre à l'exercice de ce droit des obstacles qui l'obligent d'avoir recours à l'autorité de la justicc, il puisse se dispenser de l'assistance de ce conseil. En vain dirait-on que ce serait gêner la liberté la plus précieuse; le conseil judiciaire n'est établi que pour garantir le prodigue de sa propre faiblesse et de ses penchans à la dissipation de ses biens; le législateur, en laissant au prodigue le droit de disposer de sa personne, n'a mis à ce droit aucune restriction. Mais l'art. 513 du Code civ. est positif, absolu, et il en résulte que le pourvu d'un conseil judiciaire

ne peut plaider sans l'assistance de ce conseil.

Il a été décidé que le mari auquel un conseil est donné n'a pas capacité suffisante pour autoriser sa femme à ester en jugement, et que le conseil doit par sa présence ratifier l'autorisation. Mais la loi, d'accord avec la morale, ne veut pas qu'un tiers puisse exercer un droit exclusivement attaché à la personne. Concourir à l'acte qui prend naissance dans la prérogative maritale, c'est s'ingérer indubitablement dans des choses qui tombent sous le lien naturel du mariage, et violer de la sorte le précepte prohibitif. Paris, 27 août 1833 ; Sirey, 33-2-562.

349. Si le conseil judiciaire ne peut agir seul, à l'insu et en l'absence du prodigue, il est partie nécessaire pour défendre à toutes les actions intentées contre le prodigue, comme pour l'assister dans toutes les actions qu'il intente (c. civ. 513), ce principe a été consacré par deux arrêts de la cour de cassation des 20 mai 1806 et 6 juin 1810. Le majeur soumis à la direction

d'un conseil, dit M. Toullier (t. 2, n° 1372), « agit par lui-même ; son conseil ne doit point paraître en son nom dans le procès ou dans les actes qu'il fait, il doit n'y être nommé que comme approuvant ce qu'il fait. » Favard, t. 1, p. 664, Rolland de Villargue, *Répert.* v° *Conseil jud.*, n° 16 et 35.

Mais le conseil judiciaire est recevable à former seul, en sa qualité, opposition à la condamnation par défaut prononcée contre lui et le prodigue, sur une assignation qui lui avait été donnée coujointement. C. civ. 513, c. proc. 158 ; Cass. 8 décembre 1841.

350. Jugé encore que le conseil judiciaire peut demander seul en justice la nullité des engagemens souscrits par le prodigue sans son assistance, lorsque celui-ci garde le silence. Paris 26 juin 1838. ANNALES, vol. de 1838, n° 880.

« Considérant en droit, porte cet arrêt, que si le conseil judiciaire ne peut attaquer que les actes faits par le prodigue avant la dation du conseil, la défense ne s'applique qu'aux actes sérieux, et qui ont date certaine ; — Considérant que les actes

sous seing privé, n'ont de date certaine, à
l'égard des tiers, que de la manière indi-
quée par l'art. 1328 du code civil; — Considérant que le conseil judiciaire est un
véritable tiers à l'égard de ceux qui ont
contracté avec le prodigue; qu'il n'est pas
représentant; qu'il tient sa mission non
pas de lui, mais de la loi; et que, chargé
d'empêcher le prodigue de faire fraude à
la loi, il a droit de demander que les actes
qu'on lui oppose aient les caractères de
certitude légalement exigés; — Que leur
principe est général; qu'il n'y a point
d'exception pour la lettre de change,
qu'une pareille exception rendrait illusoire
la disposition de la loi, puisque le prodigue pourrait, par ce moyen, couvrir ses
prodigalités; que les usages du commerce
ne sauraient être invoqués que dans le cas
d'opérations véritablement commercia-
les, etc. »

351. M. Rolland de Villargue professe
une doctrine contraire à cette décision, qui
nous paraît cependant fort sage : car la
loi, qui n'a donné au prodigue un conseil

judiciaire que pour le préserver de la ruine, n'atteindrait pas son but, si le conseil judiciaire ne pouvait agir seul en justice pour la défense des intérêts de son pupille; et s'il en était autrement, il arriverait que le prodigue, après avoir contracté des engagemens sans l'assistance de son conseil, de concert avec ses créanciers, se laisserait condamner et leur donnerait ainsi des titres qui pourraient le faire exproprier : Or nous pensons, contre l'avis du jurisconsulte que nous venons de citer, que le conseil judiciaire, lorsqu'il s'agit de défendre les intérêts du prodigue, puise les droits dans son mandat, qui lui impose de protéger son pupille, même lorsque celui-ci garde le silence.

352. On a aussi soulevé la question de savoir si la personne assisté d'un conseil judiciaire peut être régulièrement maintenue sur la liste du jury. Cette question à même été résolue pour la négative par un arrêt de la cour de cassation du 23 juillet 1835. Mais tous les arrêtistes ont critiqué cette décision, qui s'appliquait à un simple

prodigue dont rien ne pouvait faire suspecter l'aptitude à remplir les fonctions de juré et qui ne pourrait se comprendre que s'il s'était agi d'une personne assistée d'un conseil judiciaire pour cause de faiblesse d'esprit.

353. La nomination d'un conseil, dit l'art. 502. du code civil, aura son effet du jour du jugement. Tous actes passés postérieurement, sans l'assistance du conseil, seront nuls de droits. L'art. 503 continue ainsi : « Les actes antérieurs pourront être annulés, si la cause existait notoirement à l'époque où ces actes ont été faits. » Nous citerons à ce sujet un arrêt de la cour de cassation du 19 décembre 1814, suivant lequel le testament postérieur peut être annulé, parceque la décision bornée au conseil n'est pas une preuve que celui qui en est l'objet soit resté *sane mentis.* D., A., t. 5, p. 222 ; et Sirey, t. 15-1-105.

354. Le billet souscrit par un individu pourvu d'un conseil judiciaire, mais portant une date antérieure à l'incapacité, fait foi de sa date tant qu'il n'est pas prouvé,

8*

soit par témoins soit par des **présomptions**
graves, précises et concordantes, qu'il a
été antidaté. (Code civ. 502, 1319, 1322,
1328 ; Orléans 21 mars 1838.) La preuve
de cette antidate est à la charge du prodigue ou de son conseil ; toutefois le serment
supplétoire peut être déféré au porteur du
billet. Cass. 8 mars 1836 ; ANNALES, vol.
de 1836, p. 188.

En droit, dans la situation exception-
nelle d'un individu, placé sous la direction
d'un conseil judiciaire, si, pour ne pas
rendre souvent illusoire à une obligation
signée par lui la disposition de l'art. 1322
du c. civ., portant que l'acte sous seing
privé a, entre ceux qui l'ont souscrit et
leurs héritiers ayant cause, la même foi
que l'acte authentique, il ne leur est pas
permis non plus d'envisager la date y ap-
posée comme frauduleuse et nulle de plein
droit, ce qui pourrait souvent tromper les
créanciers de bonne foi et entraver notamment les rapports de commerce : les juges
doivent donc chercher et fixer, dans les
élémens et les circonstances de la cause,

la vérité du fait, c'est à dire l'époque véritable à laquelle l'obligation a été signée, et déterminer par là si le signataire jouissait ou non alors du plein et libre exercice de ses droits.

355. Tout arrêt ou jugement portant nomination de conseil sera, à la diligence des demandeurs, levé, signifié à partie, et inscrit dans les dix jours sur les tableaux qui doivent être affichés dans la salle de l'auditoire et dans les études des notaires de l'arrondissement. Cette formalité a pour but de faire connaître au public l'incapacité du défendeur; aussi, jusqu'à ce qu'elle ait été remplie, les obligations qu'il contracte sont exécutoires, pourvu qu'elles ne soient point entachées de dol. Cass., 16 juin 1810; Sirey, t. 11-1-5.

356. D'un autre côté, la règle posée par l'article 457 du code de procédure civile, portant que l'appel des jugemens définitifs ou interlocutoires sera suspensif du jugé, est applicable en matière de nomination du conseil. C'est ce qui résulte de l'art. 505 du code civil, où l'on voit que, « s'il n'y a

pas appel du jugement, ou s'il est confirmé sur l'appel, il sera pourvu à la nomination d'un tuteur et d'un subrogé-tuteur à l'interdit. » D'où il faut tirer cette conséquence que tout engagement sérieux et de bonne foi, fait dans l'intervalle, doit être exécuté. Toulouse, 29 janvier 1821 ; D. Alph., t. 9, 540 ; Duranton, *Cours de Droit franç.*, t. 3, n° 749 ; Proudhon, *Droit français*, t. 2, p. 332, et Toullier, *Cours de Droit civil*, t. 2, n° 1335.

357. La procédure dirigée contre le conseil judiciaire serait nulle ; c'est la personne soumise à la direction du conseil qu'il faut assigner directement, sauf au demandeur, s'il ne justifie pas de l'avis du conseil, à obtenir un jugement qui oblige le conseil à satisfaire à cette formalité. Toullier, 1381.

358. Lorsque l'individu placé sous l'assistance d'un conseil judiciaire a une action à exercer contre celui-ci, c'est par le tribunal et non par un conseil de famille que doit être nommé le conseil *ad hoc*, dont l'assistance lui est nécessaire pour

l'exercice de cette action. Turin, 12 avril 1808.

359. Les actes sur lesquels le conseil judiciaire doit être consulté sont nuls s'ils ont été passés sans son assistance, et, ainsi que nous l'avons déjà vu ci-dessus, n° 353, cette nullité est de droit pour tous ceux qui sont postérieurs au jugement de nomination (c. civ., 502) ; les actes antérieurs sont inattaquables hors le cas de dol. Toullier, 1383.

360. Il a été jugé à cet égard par la cour de cassation, le 9 juillet 1816, que les juges peuvent, par application des art. 503 et 1328, c. civ., déclarer nulles les obligations souscrites par le pourvu et n'ayant pas date certaine avant la nomination du conseil.

361. Mais depuis lors la même cour, faisant la part des tiers qui peuvent avoir traité dans l'ignorance de l'incapacité de leur débiteur, a validé l'obligation si le tiers-porteur est de bonne foi, lors surtout que la date est sérieuse et vraie, quoique l'acte n'ait pas été enregistré. Cass., 4 fé-

vrier 1835; D. P., 35, 32; Paris, 20 avril 1831; Orléans, 25 août 1837; ANNALES, t. 5, p. 9; Sirey, t. 35-1-3, t. 31-2-288 et t. 38-2-66.

362. Enfin, à l'égard des contractans eux-mêmes la jurisprudence établit que la nullité résultant du défaut de date certaine n'existe pas même par présomption; qu'il suffit que l'obligation soit antérieure; et que, tant que l'antidate n'est pas démontrée, force doit rester à l'acte, qui fait pleine foi aussi bien de sa date que de son contenu, entre ceux qui l'ont souscrit, leurs héritiers et ayant-cause. C. civ., 1322; cass., 17 mai 1831 et 8 mars 1836; Orléans, 3 juillet 1835; D. P., 35, t. 32; Sirey, t. 36-1-236 et t. 35-2-471; ANNALES, t. 3, p. 188.

§ 4. *De la Réhabilitation.*

363. L'assistance du conseil judiciaire doit être levée, et le jugement dont elle résulte doit être révoqué lorsque les circonstances ou le caractère de la personne

qui en ont été l'objet ont changé au point qu'il n'y a plus de danger à la laisser agir sans conseil. Toullier, n° 1386.

364. Cette demande en réhabilitation peut être introduite soit par celui qui a provoqué la dation du conseil, soit par le conseil, soit même par l'assisté lui-même.

365. Lorsqu'une obligation contractée pendant la dation du conseil est ratifiée par l'assisté depuis sa réhabilitation, cette ratification a un effet rétroactif, même à l'égard de l'hypothèque attachée à l'obligation. Paris, 14 prairial an 10.

CHAPITRE XV.

*Formules des actes et Procès-verbaux des délibé-
rations du conseil de famille.*

Nous ne donnerons pas des formules sur
chaque attribution des conseils de famille,
par le motif qu'il nous suffira de donner
les formules générales que la matière exige
et des formules particulières pour les principaux cas en signalant les différences, les
variations ou les incidens qui peuvent
avoir lieu, et que l'on doit prévoir dans la
pratique.

N° 1ᵉʳ. *Cédule de convocation d'un conseil de
famille à toutes fins sur réquisition d'un
parent.*

Nous, juge de paix de....., sur ce qui
nous a été exposé par N*, propriétaire,

demeurant à....., parent des mineurs ci-après nommés, que..... (Enoncez ici le fait ou la cause qui exige la convocation.) Ordonnons que le conseil de famille des mineurs P*, enfans de..... et de....., sera convoqué à comparaître devant nous, le....., de ce mois....., heures du....., en notre prétoire (ou en notre hôtel), pour délibérer avec nous, sous notre présidence, sur..... (Ici on exprime la nomination ou la délibération proposée.)

En conséquence nous désignons pour composer ledit conseil de famille. 1°....., 2°....., 3°..... (les noms et demeures des trois parens paternels les plus proches). 4°,...., 5°....., 6°..... (les noms et demeures des trois parens maternels) (1). Enjoignons auxdits parens de comparaître en personne, ou par fondés de pouvoir,

(1) Pour la composition, la convocation et les délais de la citation, voir les art. 406, 407 et suivans du c. civ. S'il n'y a point de parens en nombre suffisant, le juge de paix appelle des amis. (C. civ., 409.) Mais lui seul a le droit de les choisir. Paris, 26 pluviôse an 11; Besançon, 9 avril 1808.

en cas d'empêchement, à peine d'amende.
Donnée en notre prétoire, à....., le.....
18

(Signature du juge.)

Nota. Cette cédule est notifiée à chaque
personne convoquée, à la requête du parent ou du tuteur qui requiert le conseil,
par l'un des huissiers de la justice de paix.
La notification s'écrit au bas de la cédule
et le tout est soumis à la formalité de l'enregistrement dans les quatre jours.

2 *bis.* VARIATION. *Cédule de convocation
sur la déclaration du maire.* (1)

Nous, juge de paix de....., vu la déclaration qui nous a été faite par M. le maire
de..... (ou son adjoint), le..... de ce

(1) Il peut se présenter des cas où il n'y ait point de
parties intéressées. La loi impose alors au juge de paix
le devoir de convoquer d'office le conseil de famille,
et toute personne peut éveiller sa sollicitude. C. civ.,
406, Cass., 29 nov. 1809 et 27 mars 1819 ; Sirey, 10-1-
62, 19-1-325 ; Paris, 24 juillet et 25 nov. 1835 ; D. P.,
35-2-156 et 36-2-85.

mois, portant que J* et S⋆, vivant époux et demeurant à....., sont décédés le....., et laissent....., enfans mineurs; vu aussi l'art. 106 du code civ., ordonnons que le conseil de famille desdits mineurs sera convoqué à comparaître devant nous, le.... (Suivez pour le reste la formule précédente).

N° 2. *Cédule pour faire nommer d'office un subrogé-tuteur.*

Nous, juge de paix de....., étant instruit que J⋆, P⋆, demeurant ci-devant à....., est décédé le....., que de son mariage avec C⋆, sa veuve survivante, il est issu deux enfans mineurs auxquels ladite C..... a négligé jusqu'à présent de faire nommer un subrogé-tuteur encore qu'elle ait été invitée par nous à convoquer un conseil de famille à cet effet. Vu les art. 406, 407, 420 et 421 du c. civ., nous ordonnons que le conseil de famille desdits mineurs sera cité à comparaître devant nous, le.....

de ce mois....., heure du....., en notre prétoire, etc. (Suivre à présent la première formule, mais ajoutez avant la clôture ce qui suit.

Ordonnons aussi que ladite C....., épouse survivante, sera appelée à comparaître au conseil de famille, les jour et heure ci-dessus, pour assister à la nomination du subrogé-tuteur, mais sans pouvoir y délibérer (1), et pour être entendue ou interpelée sur la question qu'elle a faite ou pu faire indûment de la tutelle de sesdits enfans. Donné à...., le.... 18...·

(Signatures.)

Nota. Cette cédule peut servir toutes les fois que le juge de paix convoque d'office un conseil de famille, en faisant les changemens que les choses exigent, changemens qui sont aussi simples que faciles à faire.

____

(1) Dans aucun cas le tuteur ne peut voter pour la nomination du subrogé-tuteur. C. civ. 423.

N° 3. *Procès-verbal de nomination d'un tuteur et d'un subrogé-tuteur à des mineurs orphelins, sur la réquisition d'un parent.*

L'an 18....., et le....., heure de....., devant nous, juge de paix de....., étant en notre prétoire et assisté du greffier, a comparu le sieur H*, demeurant à..... oncle paternel (ou autre parent) des mineurs ci-après nommés, lequel nous a dit qu'en vertu de notre cédule du..... de ce mois, notifiée par..... huissier, enregistrée le...., il a fait appeler à ce jour, lieu et heure, les parens par nous désignés par ladite cédule pour former le conseil de famille des enfans mineurs de feu G.-R* et de défunte L.-M*, leurs père et mère décédés qui demeuraient à....., afin de nommer un tuteur et un subrogé-tuteur auxdits mineurs. En conséquence il a requis qu'il soit à l'instant procédé auxdites nominations par le conseil de famille, et a signé (ou déclaré qu'il ne le sait faire.)

Sont ensuite comparus : 1°.....; 2°..... (ici les noms, prénoms, qualités et demeures des deux plus proches parens paternels);

3° A ces deux comparans s'est réuni ledit sieur H*, ci-devant nommé et requérant, afin de compléter les trois membres de la ligne paternelle ;

4°..., 5°..., 6°... (Énoncez ici les prénoms, noms, qualités et demeure des trois parens maternels convoqués par la cédule).

Tous lesquels parens nous ont déclaré qu'ils consentent à procéder aux nominations requises. En conséquence, nous les avons déclarés légalement constitués en conseil de famille, sous notre présidence. —Le conseil ainsi constitué, après avoir délibéré avec nous, a nommé à l'unanimité des voix (1), pour tuteur aux enfans mineurs de feu G* R*, le sieur N*, l'un des membres du conseil (ou autre parent), lequel a déclaré accepter cette fonction et

(1) Si la délibération n'est pas prise à l'unanimité, on doit exprimer le vote particulier de chaque parent. C. proc. 883.

promis de la remplir fidèlement sous les peines de droit.

Et procédant immédiatement, pour remplir le vœu de la loi, à la nomination du subrog é-tuteur, le conseil, à l'unanimité, (ou à la m ajorité de... voix contre... voix) a nommé pour emplir les fonctions de subrogé-tuteur, aux mêmes mineurs, la personne de..., l'un des membres du conseil, lequel a déclaré accepter cette nomination et a promis de remplir ses fonctions avec exactitude.

Dans la présente nomination le sieur..., tuteur, n'a voté ni pour ni contre le subrogé-tuteur, attendu que cela lui est interdit par la loi (1). (Si après ces nominations le tuteur où le juge de paix, ou un parent, propose un autre sujet de délibération, par exemple de délibérer sur l'acceptation d'une succession, on continue ainsi qu'il suit :)

____

(1) Le subrogé-tuteur doit toujours être choisi dans la ligne différente de celle du tuteur hors le cas où il y a six frères germains ou plus.

Sur la proposition du tuteur (ou d'un membre), le conseil de famille, considérant qu'il y a lieu de délibérer sur l'acceptation ou la renonciation à la succession de feu....., échue aux mineurs; considérant que cette succession paraît avantageuse, le conseil autorise, à l'unanimité (ou à la majorité de... voix), le tuteur desdits mineurs à accepter pour eux, mais sous bénéfice d'inventaire seulement, la succession dont il s'agit, en observant les formalités prescrites par la loi (1). De tout quoi, nous, juge de paix, avons rédigé le présent procès-verbal, dont lecture a été faite aux

(1) Si le conseil de famille juge que la succession est plus onéreuse que profitable au mineur, on dit: « Attendu que la succession dont s'agit est notoirement chargée de dettes qui en absorbent la valeur (*ou d'autres motifs péremptoires*), le conseil, à l'unanimité, autorise le tuteur des mineurs..... à renoncer pour eux à ladite succession, en observant les formalités prescrites par la loi. » Dans l'usage l'autorisation de renoncer à une succession n'est donnée qu'après l'inventaire des meubles et effets de la succession dont la valeur est en général reconnue par acte; alors il y a une délibération de famille, autre que celle de la nomination du tuteur.

8 *

délibérans, qui ont signés avec nous et le greffier (ou qui ont déclaré ne le savoir de ce requis).

N° 4. *Nomination d'office sur la réquisition du juge de paix d'un tuteur et d'un subrogé-tuteur.*

L'an 18... et le... mai, heure de....; vu par nous juge de paix de l'arrondissement de..., département de..., la cédule par nous donnée..... de ce mois, notifiée par..., huissier, enregistrée le..., par laquelle nous avons convoqué à ces jour et heure pardevant nous, en notre prétoire, un conseil de famille, formé suivant la loi, pour nommer un tuteur et un subrogé-tuteur à L* et M*, enfans mineurs orphelins de défunts L* et R*, vivant époux décédés en la commune de..., le... de ce mois.

Avons procédé de la manière suivante, étant assisté du greffier de notre justice, à la délibération dudit conseil de famille, sont comparus devant nous : 1°..., 2°...,

3º..., (énoncer ici les noms et demeures des trois parens paternels, convoqués par la cédule ou des amis s'il y en a).

Lesquels nous ont dit qu'en déférant à notre convocation d'office, ils consentent à délibérer sur les nominations proposées. En conséquence nous les avons déclarés légalement constitués en conseil de famille sous notre présidence.

Étant ainsi constitué, le conseil, après avoir délibéré avec nous... (Suivez pour le surplus la troisième formule ci-dessus.)

Nº 5. VARIATION. *Excuses proposées par le tuteur présent.*

(Immédiatement après la nomination du tuteur présent on dit :) En cet endroit le sieur..... a déclaré qu'il ne peut accepter les fonctions de tuteur qui viennent de lui être déférées, attendu que... (énoncer ici les motifs de la dispense). En conséquence il a requis le conseil de famille de recevoir ses excuses et a signé.

Le conseil, délibérant sur le refus dudit sieur...; considérant que la dispense qu'il allègue est du nombre de celles qui sont autorisées par la loi, à l'unanimité, décharge ledit sieur... de la tutelle qui lui a été ci-dessus conférée. Et procédant à son remplacement...

N° 6. AUTRE VARIATION. *Excuses proposées par un tuteur absent lors de sa nomination. Rejet de ces excuses à la majorité simple.*

L'an 18... et le... heure de..., devant nous....., juge de paix de la ville de.....; étant en notre prétoire, assisté du greffier, a comparu le sieur T*, marchand, demeurant à....., lequel nous a dit : qu'ayant été nommé, par délibération prise devant nous le..... de ce mois, en conseil de famille, tuteur des mineurs de défunts J* et V*, vivant époux, décédés en la commune de....., il ne peut accepter cette fonction, attendu que....., (ici exprimer les excuses

ou dispenses que le comparant propose).
Et pour faire admettre ces excuses afin
d'être déchargé de la tutelle, il a convoqué
à ce jour, lieu et heure, devant nous le
conseil de famille desdits mineurs, dont il
nous prie de recevoir la délibération sous
notre présidence et d'en rapporter acte,
et a signé (ou déclaré ne le savoir).

Sont ensuite comparus..... (établissez ici
les prénoms, noms, qualités, demeures et
degrés de parenté des personnes convo-
quées, en suivant le même ordre établi par
les formules troisième et quatrième précédentes), lesquels ont dit..... (comme aux
mêmes formules).

Le conseil ainsi constitué, après en avoir
délibéré avec nous sous notre présidence;
Attendu que les dispenses proposées ne
sont point légales (à l'unanimité ou à la
majorité de... voix contre... voix), rejette
les excuses dudit sieur....., et le charge
d'entrer sans délai dans l'exercice de ses
fonctions de tuteur, dans lesquelles il est
maintenu, à peine d'y être contraint suivant la loi. Dans la présente délibération

8 ··

P*, R*, S*, T* ont voté pour le rejet des excuses; et L* et N*, ont, ainsi que nous juge président, voté pour l'admission.

Nota. Si au contraire le conseil reconnaît valables les excuses du tuteur. il les approuve, le décharge de la tutelle, et procède à son remplacement à l'instant même; pour cela on suit la cinquième formule qui précède, et on termine par la clôture du procès-verbal.

De tout quoi nous avons dressé le présent procès-verbal pour valoir ce que de droit. Lecture faite aux comparans, ils ont signé avec nous et le greffier (ou déclaré ne savoir signer, de ce interpellés).

N° 7. *Nomination d'un subrogé-tuteur, sur la réquisition de l'époux survivant.*

L'an 18... et le.... heure de.... devant nous, juge de paix de... assisté du greffier de notre justice, a comparu en notre prétoire, dame N... O..., veuve de P... J..., demeurant à... laquelle nous a dit que son mari est décédé le... de ce mois, et qu'il existe de leur mariage deux enfans mineurs, savoir P* A* et J*, âgé de... que voulant exercer légalement la tutelle de ses enfans, elle a convoqué à ce jour, lieu et heure, devant nous, le conseil de famille desdits mineurs pour leur nommer un subrogé-tuteur; en conséquence, elle a requis qu'il nous plaise de recevoir et présider ledit conseil de famille, de rapporter acte de la nomination qu'il fera et a signé (ou déclaré ne le savoir).

Sont ensuite comparus, 1°....... 2°....... 3°... etc. (suivez l'ordre établi dans la troisième formule pour la comparution des parens paternels et maternels et pour la délibération. Ensuite ajoutez ce qui suit.)

Le conseil ainsi constitué, et après en avoir délibéré conjointement avec nous, à l'unanimité (ou à la majorité de... voix contre...), a déclaré qu'il nomme pour subrogé-tuteur aux mineurs P*, la personne du sieur... l'un des délibérans, lequel a déclaré accepter cette fonction et a promis de la remplir avec exactitude, conformément à la loi. Fait et clos le présent procès-verbal, dont lecture a été faite aux délibérans, qui ont signé avec nous (ou déclaré ne le savoir).

N° 8. *Autre nomination d'un subrogé-tuteur sur la convocation d'office du juge de paix.*

L'an 18... et le... etc., nous, juge de paix de... assisté du greffier : vu l'art. 421 du code civil, portant que le tuteur légal devra, avant d'entrer en fonctions, convoquer un conseil de famille composé comme il est dit dans l'art. 407, pour faire nommer un subrogé-tuteur aux enfans mineurs de l'époux décédé ; attendu qu'il nous a été déclaré par l'un des parens ci-après dénommés (ou par le maire de la commune de...) que Joseph est décédé le... de ce mois à..., qu'il a laissé une veuve survivante nommée H★ S★, et deux enfans mineurs, savoir J★, âgé de..., et P★, âgé de..., et que ladite veuve s'est immiscée dans leur tutelle sans avoir fait nommer un subrogé-tuteur à sesdits enfans.

Par ces motifs, dans l'intérêt de ces derniers, et en vertu de l'art. 421, nous avons, par une cédule du... de ce mois, notifiée par... huissier, convoqué à ce jour et heure devant nous, en notre prétoire, les plus proches parens paternels et maternels des enfans J*, au nombre de trois dans chaque ligne, pour procéder à la nomination du subrogé-tuteur dont est question; avons convoqué aussi la veuve dudit Joseph pour assister à cette nomination.

A cet effet sont présentement comparus devant nous, 1°... 2°... 3°..., etc. (suivez l'ordre établi dans les troisième et quatrième formules pour la comparution et l'énonciation des parens paternels et maternels convoqués).

Lesquels nous ont dit qu'en déférant à notre cédule ils consentent, etc. En conséquence nous les avons constitués en conseil de famille, etc.

Le conseil ainsi constitué, s'est présentée la dame H* J*, demeurant à... laquelle a dit qu'étant convoquée par notre cédule ci-devant datée, elle désire assister simplement à la déllbération de la famille, attendu qu'elle n'a fait aucun acte qui puisse lui faire retirer cette tutelle, et a signé... (ou déclaré ne le savoir).

Nous avons donné acte à la dame veuve J* de sa comparution, en lui permettant d'assister au conseil de famille, sans cependant pouvoir y voter suivant la loi.

Délibérant ensuite sur l'objet de sa convocation;

En ce qui concerne la veuve H* J*: attendu que si elle a été négligente à faire nommer un subrogé-tuteur, il ne paraît pas du moins qu'elle ait agi frauduleusement envers ses enfans, le conseil déclare qu'il n'y a pas lieu de lui retirer la tutelle. Procédant ensuite à la nomination du subrogé-tuteur, à l'unanimité (ou la majorité de... voix contre...), a conféré au sieur N*, ici présent, ladite fonction de subrogé-tuteur aux mineurs J* et L*, lequel nous a déclaré accepter cette fonction et a promis de la remplir fidèlement (si la délibération n'est prise qu'à la majorité, il faut exprimer le vote particulier de chaque délibérant comme il a été observé dans d'autres formules).

Fait et clos le présent procès-verbal. Lecture faite, etc. (comme aux précédentes finales).

N° 9. *Nomination d'un curateur au ventre sur la demande de la veuve enceinte.* (1)

Aujourd'hui... mai 18... heure de.... devant nous juge de paix de... assisté du greffier, étant en notre prétoire, a comparu B*, C*, demeurant à... veuve de E*, laquelle nous a dit que son mari est décédé le... et qu'il l'a laissée enceinte de... mois; que par ce motif elle a convoqué, après en avoir pris notre agrément, un conseil de famille composé des plus proches parens

---

(1) La déclaration de la veuve suffit pour faire nommer le curateur et suspendre les droits des héritiers présomptifs; elle ne doit pas fournir la preuve qu'elle est enceinte. Aix, 19 mars 1807.

et amis dans les deux lignes, afin de nommer un curateur à sa grossesse. En conséquence, elle a requis qu'il nous plaise de recevoir et de présider ce conseil de famille, qui doit à l'instant comparaître à l'amiable devant nous, et a signé (ou déclaré ne le savoir, de ce requise).

Sont ensuite comparus : 1°... 2°... 3°... ; etc. (Suivez, pour l'ordre de la comparution des trois parens paternels et des trois parens maternels, les troisième et quatrième formules ci-devant) ; lesquels nous ont dit qu'en déférant à l'invitation de ladite veuve E*, ils consentent à délibérer avec nous, sur l'objet de leur convocation. Alors, nous les avons déclarés constitués en conseil de famille, sous notre présidence.

Etant ainsi constitué le conseil de famille après en avoir délibéré avec nous, à déclaré, à l'unanimité, qu'il nomme pour curateur au ventre (ou à la grossesse) de ladite veuve E*, le sieur P*, demeurant à.. l'un des délibérans, lequel a déclaré accepter cette fonction et a promis de l'exercer avec exactitude et fidélité.

Vu lesdites nomination et acceptation nous, juge de paix, disons que le sieur P*, deviendra de plein droit, et sans autre formalité, subrogé-tuteur de l'enfant à naître de ladite veuve E*, à compter du jour de sa naissance, suivant la loi. Fait et clos, le présent procès-verbal, lecture faite, etc., etc. (Signatures des parens, du juge et du greffier.)

Nota. Quand la nomination d'un curateur au ventre est requise par un parent au lieu de la veuve, et si le conseil ne se réunit pas volontairement, le juge de paix délivre une cédule de convocation. (Voyez la première formule.) On rédige ensuite le procès-verbal de la nomination du curateur, sur la réquisition de ce parent, en se conformant à la troisième formule.

Enfin, lorsque c'est le juge de paix qui poursuit d'office la nomination du curateur au ventre, il faut rédiger le procès-verbal suivant la quatrième formule.

N° 10. *Délibération qui refuse de conserver la tutelle à la mère qui veut se remarier.*

L'an 18... et le... heure de... devant nous, juge de paix du canton de... etc., a comparu... laquelle a dit qu'elle a rempli les formalités voulues par la loi, au décès de son mari. en faisant nommer un subrogé-tuteur à P*, et G*, ses enfans mineurs, et en faisant faire un inventaire régulier du mobilier de la communauté qui existait entre elle et feu son mari ; qu'à présent elle désire contracter un second mariage avec X*, demeurant à..., mais qu'auparavant elle désire se faire maintenir la tutelle de ses enfans, et qu'à cet effet elle a convoqué devant nous, après en avoir pris notre agrément, un conseil de famille composé suivant la loi, nous priant de le recevoir et présider, de dresser acte de sa délibération, et a signé (ou déclaré ne le savoir).

Sont ensuite comparus... (Suivez les précédentes formules pour l'ordre de la comparution des parens, leur constitution en conseil de famille, et écrivez ce qui suit.) Le conseil ainsi constitué, après en avoir délibéré avec nous, attendu que... (exprimez ici les motifs si le conseil le veut, sinon il n'y est pas obligé) à l'unanimité (ou à la majorité de... voix contre...), déclare qu'il ne peut conserver à la veuve... la tutelle de ses enfans. En conséquence, il arrête qu'elle sera remplacée dans ladite tutelle, aussitôt que son second mariage sera contracté ; à cet effet le subrogé-tuteur est en ce cas chargé de convoquer le conseil de famille sans retard. Fait et clos le présent procès-verbal, etc. (Signatures.)

N° 11. *Délibération qui conserve la tutelle à la mère en cas de secondes noces.*

(Suivez la formule précédente jusqu'à ces mots: le conseil ainsi constitué.)

Le conseil ainsi constitué, et après en avoir délibéré avec nous ; attendu que la veuve E*, a rempli les formalités voulues

par la loi, lors de son entrée en tutelle,
et qu'elle paraît avoir géré convenablement ; attendu qu'elle a toujours montré
de la tendresse pour ses enfans, et que le
second mariage qu'elle se propose de contracter paraît convenable ; à l'unanimité,
le conseil déclare conserver à ladite veuve
E*, la tutelle de sesdits enfans pendant
son futur second mariage avec X*, et lui
adjoint ce dernier comme co-tuteur ;
lequel, étant présent, a déclaré accepter
cette qualité et se soumettre à répondre solidairement, avec la veuve E*, des suites
de la tutelle. Fait et clos, le présent, etc.

Nota. Quand les deux délibérations qui
précédent ne sont pas prises à l'unanimité,
il faut énoncer les noms des votans pour
la délibération, et les noms de ceux qui
ont voté contre, afin que si la délibération
est attaquée, on puisse connaître ceux qu'il
conviendra de citer devant le tribunal.
C. proc. 883.

N° 12. *Autorisation d'un tuteur pour faire vendre les biens d'un mineur* (1).

L'an 18...., etc., devant nous, etc..... a comparu le sieur....., demeurant à....., tuteur des mineurs....., lequel nous a dit..... (Exposer ici les faits qui donnent lieu à la vente des biens, soit pour cause de nécessité, poursuites de créanciers, etc., soit pour un avantage évident, suivez ensuite les formules précédentes pour la comparution des parens, etc., et continuez comme il suit.)

Le conseil ainsi constitué et après en avoir délibéré avec nous, vu le compte sommaire présenté par le tuteur, de sa gestion, et autres pièces justificatives, attendu qu'il est prouvé que les mineurs S* sont dans la nécessité de vendre et aliéner leurs immeubles.

(1) Les tribunaux ne peuvent ni modifier, ni dispenser des formalités prescrites pour l'aliénation des biens des mineurs, même lorsqu'il s'agit d'objets de médiocre valeur. C. civ., 457 ; Cass., 22 frim. an 11 et 26 août 1809.

Autorise le sieur....., tuteur desdits mineurs, à faire vendre par justice, en observant les formalités prescrites, la maison de....., située à....., rue de....., n°..... (ou le domaine de....., laquelle ou lequel), le conseil désigne spécialement pour être vendue de préférence, sous les conditions et charges suivantes..... (énoncer ici les charges et conditions), et sera la présente délibération homologuée avant de recevoir son exécution. De tout quoi, nous, juge de paix, avons dressé le présent procès-verbal, dont lecture a été faite aux délibérans, qui ont signé avec nous et le greffier.

Nota. Cette formule peut servir pour une délibération qui n'autorise qu'un emprunt au lieu d'une vente. Néanmoins, on change l'exposé des faits, et le tuteur ne requiert qu'une autorisation d'emprunter. On suit ensuite cette même formule jusqu'à la délibération qui s'énonce en ces termes :

N° 13.

Le conseil ainsi constitué, après en avoir délibéré avec nous, attendu qu'il résulte du compte sommaire du tuteur et de diverses pièces par lui présentées, que le passif des mineurs excède leur actif et qu'il convient d'éviter des frais de poursuites de la part de leurs créanciers ; à l'unanimité le conseil autorise le tuteur des mineurs..... à emprunter pour leur compte, et à leur profit, la somme de..... remboursable dans ..... années (ou à raison de..... par années), pour sûreté de laquelle somme ledit sieur....., tuteur, est autorisé à hypothéquer..... (ici désignez l'immeuble qui sera affecté à l'hypothèque). Au surplus, ledit sieur....., tuteur, sera tenu de faire homologuer la présente délibération avant d'en faire usage.

Fait et clos le présent procès-verbal, les jour, mois et an que dessus, lecture faite aux délibérans, ils ont signé avec nous (ou déclaré ne le savoir).

N° 14. *Autorisation donnée au tuteur pour transiger.*

L'an 18   , et le..... heure de...., devant nous, etc., a comparu R*, demeurant à..... tuteur des mineurs....., lequel a dit qu'il existe entre ces mineurs et le sieur P* une contestation pendante au tribunal de....., au sujet de..... (expliquez sommairement l'objet du procès); qu'il serait convenable aux intérêts desdits mineurs de transiger sur cette contestation, et que le sieur P* lui-même y paraît disposé; que d'après cette disposition il a présenté requête à M. le procureur du roi de....., afin d'obtenir la nomination de trois jurisconsultes pour donner leur avis sur la question de savoir s'il est avantageux aux mineurs de transiger; que sur cette requête M. le procureur du roi a nommé...... (ici les noms des trois avocats nommés); que ces jurisconsultes, après avoir examiné les pièces, ont donné leur avis le..... de ce mois....., portant que..... (exprimez le résultat de la consultation) ; qu'ayant communiqué cette consultation au sieur P*, il y a donné son assentiment, de sorte qu'il ne reste à présent au comparant qu'à obtenir l'autorisation du conseil de famille pour terminer la transaction. Qu'à cet effet il a convoqué à l'amiable, après en avoir pris notre agrément (ou en vertu de notre cédule du.....), un conseil de famille composé suivant la loi, requérant qu'il nous plaise de le recevoir, de le présider et d'y délibérer, et a signé..... (ou déclaré ne le savoir, de ce requis.)

Sont ensuite comparus 1°... 2°... 3°..., etc., (suivez pour les comparutions, les formules précédentes, jusqu'à ce qui suit :)

Le conseil ainsi constitué, vu les pièces de la constestation dont il s'agit, les requêtes, nomination et consultation ci-dessus énoncées, après en avoir délibéré conjointement avec nous : attendu que... (énoncez les motifs qui déterminent l'autorisation) : attendu que d'après cela il y a un avantage évident pour les mineurs.... à conclure la transaction proposée ; à l'unanimité, le conseil de famille autorise le sieur... tuteur, à transiger par acte notarié avec le sieur P*, de la manière et aux conditions exprimées dans la consultation; à la charge par ledit... tuteur, de faire homologuer la présente délibération ainsi que la transaction qui s'ensuivra. De tout quoi nous avons rédigé le présent procès-verbal, dont lecture a été faite aux délibérans qui ont signé avec nous et le greffier (ou ont déclaré ne savoir signer).

N° 15. *Emancipation d'un mineur sur la réquisition de son tuteur.*

L'an 18... et le... heure de... devant nous... juge de paix de... etc., a comparu P*, cultivateur, demeurant à... lequel nous a dit que le... il a été nommé tuteur du sieur... fils mineur de... et de... vivans époux ; que ce mineur a présentement atteint l'âge de dix-huit ans accomplis, qu'il le croit dans le cas de recevoir l'émancipation, que pour y parvenir et après en avoir notre agrément (ou obtenu de nous cédule à cet effet), il a convoqué à ce jour, lieu et heure, le conseil de famille dudit mineur pour délibérer avec nous, s'il y a lieu de lui conférer l'émancipation. Requérant qu'il nous plaise de recevoir ce conseil de famille, de le présider et d'en dresser acte, et a signé.

Sont ensuite comparus : 1°... 2°... 3°... 4°... 5°... 6°... etc., (suivez, pour l'ordre, la comparution des parens, la constitution du conseil, les précédentes formules troisième et quatrième, et continuez comme suit :)

Le conseil ainsi constitué, après en avoir délibéré avec nous, attendu que le mineur S*, est âgé de dix-huit ans accomplis, suivant son acte de naissance en date du... délivré par le maire de... ; attendu que la conduite et la capacité de ce mineur sont satisfaisantes, à l'unanimité, le conseil de famille déclare qu'il consent et autorise l'émancipation de ce mineur, pour jouir par lui de tous les droits qui y sont attachés. Et vu l'art. 478, § 2 du code civil, nous juge de paix, disons que le mineur S*, est actuellement émancipé. De tout quoi nous avons dressé le présent acte, dont lecture ayant été faite aux délibérans, ils ont signé avec nous (ou déclaré ne le savoir, de ce requis).

N° 16. *Délibération pour autoriser le mariage d'un mineur.*

L'an 18... et le... heure de..., à la requête du sieur B*, demeurant à..., au nom et comme tuteur aux personne et biens de..., mineur, a été dit et exposé qu'il se présente un établissement avantageux pour ledit mineur, en la personne de mademoiselle..., âgée de..., fille de... et de...; que la dot proposée est de la somme de..., savoir: celle de... en deniers comptans; que le mariage est proposé sous le régime de la communauté; et que les conditions dudit mariage, détaillées dans un projet signé dudit sieur B*, tuteur, et par lui à l'instant remis en nos mains, lequel demeurera annexé à la minute des présentes, paraissent très favorables; pourquoi il requiert le conseil de famille d'approuver lesdites conditions, et de donner son consentement au mariage proposé; ledit tuteur retiré, la matière mise en délibération, les sieurs D*, E*, G* ont été d'avis d'agréer lesdites propositions et de consentir au mariage; mais les sieurs L*, M* et P* ont été d'avis contraire, et ont trouvé les conditions du mariage plus onéreuses que profitables audit mineur; sur quoi nous juge de paix, après avoir mûrement examiné lesdites conditions, les qualités, les familles et les fortunes des deux personnes dont il s'agit, nous sommes réunis à l'opinion des sieurs D*, E* et G*; en conséquence, il a été arrêté en conseil de famille, que les propositions annoncées par ledit sieur B*, tuteur dudit mineur, sont et demeurent approuvées, et que le conseil consent au mariage dudit mineur... avec la demoiselle...; autorise ledit tuteur à passer le contrat de mariage, et y consentir pour le conseil de famille, lui donnant à cet égard tout pouvoir, à l'effet de quoi il lui sera délivré expédition du présent. Fait en conseil de famille, en notre domicile à..., les jour, mois et an que dessus, et ont, lesdits parens, signé avec nous, à l'exception des sieurs L*, M* et P*, lesquels ont déclaré ne le vouloir faire.

(Signatures.)

Nota Cette délibération n'a pas besoin d'être homologuée, et les parens ou amis, qui ont été d'avis contraire, ne peuvent ni l'attaquer, ni former opposition au mariage.

N° 17. *Procès-verbal de tutelle officieuse.*

L'an, etc... par devant nous, juge de paix du canton de... sont comparus le sieur B*, demeurant à... veuf sans enfans, d'une part;

Et le sieur R*, demeurant à... et M*, son épouse, demeurant avec lui.

Lesquelles parties ont fait les conventions suivantes :

Le sieur B* a requis lesdits sieur R* et M* son épouse de lui accorder la tutelle de P*, leur fils, âgé de onze ans, ainsi qu'il appert par son acte de naissance en date du... délivré par l'officier de l'état civil de la municipalité de... aux offres que fait ledit sieur B*, de remplir toutes les obligations imposées aux tuteurs officieux par le code civil.

Et, de leur part, lesdits sieur R* et dame M* ont déclaré consentir et acquiescer à la demande dudit sieur B*, à la charge par lui de (énoncer les conditions imposées par les père et mère), auxquelles charges et conditions ledit sieur B* a déclaré souscrire, et a promis les accomplir et exécuter.

En conséquence, lesdits sieur R* et M* ont accordé audit..., ce requérant et acceptant, la tutelle officieuse de P*, leur fils, aux charges, clauses et conditions ci-dessus énoncées, et acceptées par ledit sieur B*, ainsi qu'il est dit; au moyen de quoi la personne dudit P*, mineur, sera remise audit sieur R*; et de tout ce que dessus, nous, juge de paix susdit, avons fait et rédigé le procès-verbal, qui a été signé par les parties contractantes, par nous et notre greffier, les jour, mois et an que dessus.

(Signatures.)

N° 18. *Tutelle officieuse donnée par un conseil de famille.*

L'an, etc..., en l'assemblée des parens et amis de N*, fils mineur des défunts N* et N*, ses père et mère, convoqués à la réquisition de..., tuteur dudit mineur..., par devant nous..., juge de paix du canton de..., et où se sont trouvés, etc., s'est présenté le sieur A*, demeurant à..., lequel a requis lesdits parens et amis dudit mineur... de lui accorder la tutelle officieuse aux offres qu'il fait, etc..., et s'est retiré.

Sur laquelle demande lesdits parens et amis ayant délibéré, ont été unanimement d'avis... et ledit... rentré en l'assemblée, nous lui avons fait connaître son vœu, et a ledit sieur A* déclaré accepter toutes les conditions que le conseil de famille est d'avis de lui imposer, et a promis de les accomplir et exécuter ; en conséquence, nous, juge de paix susdit, de l'avis dudit conseil de famille, avons accordé audit sieur A* la tutelle officieuse dudit...

De tout quoi nous avons fait et rédigé le présent procès-verbal, qui a été signé par les membres du conseil de famille, par ledit sieur A*, par nous et notre greffier, les jour, mois et an que dessus.

(Signatures.)

N° 19. *Avis de parens pour restreindre l'hypothèque légale de la femme.*

L'an... le... devant nous... a comparu R*, demeurant à... époux de... lequel nous a dit que (exposer ici les faits relatifs au mariage, à la date, à l'importance de la dot de la femme, aux immeubles du mari, les motifs de restreindre l'hypothèque légale, etc.,) qu'en conséquence il a aux termes de l'art. 2144 du c. civil, convoqué quatre des plus proches parens de la femme, savoir.... qu'il nous priait de recevoir à présider cette assemblée de parens, et de dresser acte de sa délibération et a signé.... sont ensuite comparus... lesquels nous ont dit qu'en déférant à l'invitation du sieur....., ils consentaient à délibérer sur l'avis qui leur était demandé. Alors nous les avons déclarés constitués en conseil de famille sous notre présidence. Etant ainsi constituée, l'assemblée de parens, après en avoir délibéré avec nous; attendu que les immeubles appartenant au sieur... (les désigner) sont d'une valeur plus que suffisante pour garantir la dot. les reprises de sa femme et les autres droits qu'elle pourrait avoir à exercer contre son mari; que tels immeubles... (les désigner) sont suffisans pour la conservation entière des droits de la femme; qu'il importe au mari de rendre libres ses autres immeubles, est d'avis que l'hypothèque légale de la femme R*, pour raison de sa dot, de ses reprises et conventions matrimoniales, doit être restreinte aux immeubles susdésignés. De tout quoi, nous juge de paix, avons dressé le présent procès-verbal, dont lecture a été faite aux délibérans, qui ont signé avec nous et le greffier.   (Signatures.)

FIN.

TABLE DES MATIÈRES.

—

par le juge de paix, 75. — Comment se forme la majorité, 47. — Cas d'ajournement, 51. — Divergence d'opinions; mention de l'*avis* de chacun des membres dans le procès-verbal, 53. — Voix prépondérante du juge de paix en cas de partage, 54. — La délibération qui exclut un père de la tutelle n'a pas besoin d'être homologuée s'il y adhère, 55. — Celle qui autorise un emprunt, l'aliénation ou l'hypothèque des immeubles du mineur doit être homologuée, 111.

DÉMENCE. Elle est une cause d'opposition au mariage, 93. — Acte fait par un individu en démence, mais non interdit, 152. — Acte attaqué pour cause de démence après la mort de celui qui l'a fait, *id.* V. *Interdiction.*

DÉMISSION. La démission du tuteur doit être acceptée par le conseil de famille, 63.

DÉPENS. Par qui supportés lorsque le tuteur fait admettre ses excuses, 157.

DÉSAVEU DE PATERNITÉ. Nomination d'un tuteur *ad hoc* à l'enfant. Composition spéciale du conseil de famille, 94.

DESTITUTION. Le père destitué peut-il faire partie du conseil de famille lorsqu'il s'agit de l'élection d'un nouveau tuteur? 57. — Peut-il être réintégré dans ses fonctions? 58. — La délibération qui prononce la destitution du tuteur doit être motivée, 59. — L'art. 444 est limitatif, 62. — Les causes de destitution s'appliquent aussi bien à la tutelle légale qu'à la tutelle dative, *ib.* — Divers cas de destitution, 63. — Elle doit être prononcée par le conseil de famille, 150. — Procédure sur l'homologation, 162.

DISPARITION DU PÈRE. Conséquences de cette disparition. Administration des biens des enfans, 89 et suiv.

DOMICILE. Le domicile du mineur fixe la compétence du juge de paix, 30 — Il est inva-

doit être pure et simple *ib.* — Cas de destitution du tuteur, *ib.*

HONORAIRES. Ceux qui sont dus au juge de paix et au greffier des justices de paix pour assistances aux conseils de famille, 225 et suiv.

HYPOTHÈQUE. Formalités à remplir par le tuteur pour hypothéquer les immeubles du mineur, 111.

HYPOTHÈQUE LÉGALE. Elle peut être restreinte. Assemblée de parens *ad hoc*, 23. — Cette assemblée est présidée par le juge de paix en la forme ordinaire, 24. *V. Formules.*

IMBECILLITÉ. *V. Interdiction.*

INCAPACITÉ. L'incapacité du tuteur peut être une cause de destitution, 63.

INSOLVABILITÉ. Est-elle une cause de destitution de la tutelle? 65.

INTERDICTION. Définition, 135. — Personnes qui peuvent être interdites, 136. — Un mineur peut-il être interdit? *ib.* — Le sourd-muet doit-il être interdit? 137. — Par qui peut être provoquée l'interdiction? 138. — Peut-elle être provoquée par les alliés? *ibid.* — Est-ce une obligation pour la femme dans le cas de fureur du mari? 140. — Cas où le ministère public peut agir, *ib.* — Compétence du tribunal qui doit connaître de la demande en interdiction, *ibid.* — Délibération préalable du conseil de famille, *ib.* — Nomination d'un tuteur et subrogé-tuteur, 141 et suiv. — Cas où l'interdit est mineur, 143. — Tutelle toujours dative, 145. — Interdiction par suite de condamnation pénale. — Ses effets, 148. — Effets de l'interdiction pour l'avenir, 149. — A l'égard des tiers, 150. — Effets rétroactif de l'interdiction, 151-152. — Mainlevée de l'interdiction, 158.

INTERDIT. Administration de sa personne

MANDATAIRE, ne peut représenter qu'un seul parent ou ami, 39. — Un membre du conseil de famille ne peut en représenter un autre, 40. — Quelles personnes peuvent être mandataires, *id.*—Forme et contenu du mandat, 41. — L'émancipation peut être faite par un mandataire, 124.

MARIAGE. Le conseil de famille doit consentir au mariage des fils ou filles mineurs dans certains cas, 92. — Le mariage émancipe le mineur, 120. *V. Formules.*

MEMBRE DU CONSEIL DE FAMILLE. Celui qui refuse de voter peut être passible de dommages-intérêts, 52.

MÈRE, survivante n'est pas tenue d'accepter la tutelle, 97. — Cas où la mère tutrice veut se remarier, *ib.* —Faute de se conformer à l'article 395, elle perd la tutelle sans retour, 98.— Le choix qu'elle fait d'un tuteur pour les enfans de son premier mari doit être confirmé par le conseil de famille, 99.

MEUBLES du mineur, peuvent être conservés en nature, 109.—Le tuteur ne peut en jouir sans en rendre compte, 112. — Cas où les père et mère préfèrent conserver en nature le mobilier. — Expertise, 174.

MINEUR. Ne peut faire partie du conseil de famille, 65.

MINEUR ÉMANCIPÉ. Actes pour lesquels il a besoin de l'autorisation du conseil de famille, 129-130-551. — Actes que le mineur émancipé peut faire seul; actes qu'il ne peut faire qu'avec l'assistance de son curateur, 132-133-134-135.

MINISTÈRE PUBLIC. Ne peut provoquer la convocation du conseil de famille, 26. — Il ne peut appeler d'un jugement d'homologation, 161 et suiv. — Il ne peut provoquer la nomination d'un conseil judiciaire 243. — Cas dans lesquels il peut provoquer l'interdiction, 140.

NULLITÉ. L'abstention du juge de paix, lorsqu'il s'agit d'émettre un avis, n'est pas toujours une cause de nullité de la délibération, 52.

PARENS. Ceux qui sont appelés à composer le conseil de famille. (V. *Conseil de famille*.) — A certain degré peuvent provoquer l'émancipation du mineur, 123.

PEINE afflictive et infamante, est une cause d'exclusion du conseil de famille, 84.

PRISE A PARTIE du juge de paix, 157.

PRODIGALITÉ. donne lieu à la nomination d'un conseil judiciaire, 238-241.

PROCÈS avec le mineur est une cause d'exclusion du conseil de famille, 82; est un obstacle à l'acceptation des fonctions de subrogé-tuteur, 83.

PROCÈS-VERBAL. Il doit, en cas de dissentiment, mentionner l'avis de chacun des membres du conseil de famille, 53. — Exception lorsqu'il s'agit de la nomination du tuteur, 60. — Il doit constater le concours du juge de paix à la délibération, 60. *V. Formules.*

PROTUTEUR. Dans quel cas la nomination d'un protuteur est-elle nécessaire? 101. — Cas de la tutelle légale, 102. — Constitution d'un second conseil de famille aux colonies, 103.

RÉCLUSION, du mineur ne peut être provoquée par le tuteur qu'avec l'autorisation du conseil de famille, 118. — Exception pour le père et la mère, 119.

RÉCUSATION. Cas de récusation du juge de paix, 70.

FIN DE LA TABLE.